AF532761

Peter Fuchs

KÖLN

damals gestern heute

Greven Verlag Köln

In diesem Buch

sind Bilder des alten, des zerstörten und des wiederaufgebauten Köln in folgender Reihenfolge gegenübergestellt:

Das Bild der Stadt

Die Bauwerke

Straßen und Plätze

Bildumbruch:
Peter Fuchs
Typographie u. Schutzumschlag:
A. Bettermann
Druck:
Greven & Bechtold, Köln
Klischees:
Peukert & Co., Köln
Einband:
W. Schomaker, Iserlohn

Fotos vom neuen Köln: Dieter Maguhn

Das Bild der Stadt

Köln lebt. Das ist nicht selbstverständlich nach dieser Kriegszerstörung. Es ist müßig, den Grad der Vernichtung zu errechnen, ob es die meist, die zweit- oder drittmeist zerstörte Stadt Deutschlands war: Köln war äußerlich tot. Es könnte eigentlich nicht mehr existieren. Aber es lebt.
Welcherart indes der innere Lebensfunke war, ob es einfach der ungetroffene Rest Kreatur war, der nach einem Naturgesetz weiternistete, oder ob es die vielbeschworene kölnische Mentalität war, die tief unter den Bombentrichtern in ihrem Stammboden saß — es ist eine ungeklärte Frage. Allein: daß der »gesunde Menschenverstand«, wäre es nur auf ihn angekommen, das Brachfeld aufgegeben oder »anderweitig genutzt« und damit die Geschichte des alten Köln abgeschlossen hätte, ist wohl sicher.
Es haben also tieferliegende Kräfte mitgewirkt, Köln am Leben zu erhalten. Dies im übertragenen und im direkten Sinne: denn die Grundriß-Struktur der alten Stadt in Straßen- und Parzellenverläufen, in Kanal- und Versorgungsleitungen unter dem Trümmerschutt war sinnträchtig der praktische Zwang, sich in den Lebenszügen von damals zu orientieren und zu regenerieren. Die Idee eines jungfräulichen Neubeginns auf dem Reißbrett ist hypothetisch, hatte im ärmlichen Nachkriegsdeutschland weder die rechnende Liebe der Pragmatiker, noch die heiße Liebe der Nachlaßtreuen. Ein Trümmerhaufen von kölnischen Ausmaßen in jenen Zeitläuften konnte nur ameisenhaft von innen und im Verlauf des alten Adernetzes abgebaut werden. Nicht einmal, ihn nach einem ordentlichen Plan als makabre Mahnstätte unbelebt liegenzulassen, wäre in jenen Tagen des Chaos möglich gewesen. Das Leben war zur Wucherung degradiert.
Aber in Köln gab es Leitlinien einer zweitausend Jahre alten Stadtkultur — man konnte sie freischaufeln. Das war kein bequemer, sentimentaler, provinzieller Rückgriff und Ausweg auf ausgebuddelte Tradition; das war in jenen haltlosen Zeiten geistig wie materiell die Besinnung auf die festen Fundamente eines bewährten, qualifizierten Niveaus. Und es war gleichzeitig Ansatz für den praktischen Voran- und Fortschritt in die neue Zeit. Die Neunmalklugen, die hinterher mit der Elle messen, wo Erreichtes fehlerhaft ist, sollten bedenken, daß das Falsche menschlich-allzu-menschlich nur möglich wurde, weil etwas getan worden und etwas erreicht ist. Daß Köln lebt, ist gar nicht so selbstverständlich, wie es heute scheint.
Gleichwohl ist Köln im ganzen gut gefahren, als es sich aus Not und Herzensengagement auf seine ursprüngliche Ordnung bezog, denn die war durch zwei Jahrtausende kein Produkt des Zufalls, sondern prägnanter, beispielhafter Ausdruck eines Stadtcharakters, sozusagen ein Idealschema der Urbanität, in römischen, fränkischen und reichsstädtischen Epochen dauerhaft geprägt. (Das stellen auch die neuzeitlichen Verkehrserfordernisse nicht in Frage; mit stadtbewußter Klugheit ist ihnen im alten Kölner Grundriß beizukommen. Alles ist nur eine Frage der Einpassung des Verkehrs statt der Auslieferung an den Verkehr.)
So wuchsen aus dem freigelegten Grundschema die alten Bildkonturen der entscheidenden Stadtpartien, am Strom, am Dom, am Rathaus, auf der Hohe Straße und in den Vierteln wie von selbst hervor — gültige, unverbesserbare Zeugnisse einer ausgereiften, würdig-heiteren Stadtphysiognomie. Kein Neuerer schafft ihresgleichen, und nichts ist ihr ebenbürtig weitum.
Aus der Not, Trümmer zu behausen, wuchs also die Tugend, den Stadttypus zu erhalten: den Jüngeren und Neubürgern kaum erkennbar, denn die Details zum alten Duktus sind neuartig; den Älteren verwirrend, weil die Kulissen ausgewechselt sind. Die weithin zerstörten Oberbauten waren ja in den alten Gemäuern nicht wiederaufzurichten, sie mußten auf dem überkommenen Planum neuerstellt werden, unter Wandlungen und Zäsuren. Vieles ist dabei vergangen, vieles bis zur Unkenntlichkeit verändert. Den Wandel der Zeit und der Stile in das traditionelle Gefüge harmonisch einzufangen, ist manchmal gelungen, manchmal nicht gelungen. Der Vergleich der Bilder in diesem Buche wird zum Urteil führen. Meins lautet: Köln, eine neue Stadt mit altem Geist — eine alte Stadt mit neuem Geist! Das ist nicht salomonisch, sondern eindeutig obsiegend für den Aufbauprozeß der Stadt Köln; denn sie durfte nicht »entweder-oder« werden, sondern nur »sowohl-als-auch«, alt und neu. Das schließt partielle Kritik keineswegs aus.
Wer aber generaliter meint, die neue Aufbauarchitektur hätte eine radikale Abkehr von der alten Grundstruktur, von Kölns »ewigem Grundriß«, und eine prinzipielle Umkehr des Kölner Städtebaus, eine Abkehr von Kölns »ewigem Panorama«, erfordert, der übersieht nicht nur die Mühsamkeit der Entwicklung nach dem Kriege, und dem ist nicht nur die eminente Kraft der geradezu klassischen Vorstruktur unbewußt, sondern der hat auch nicht erkannt, daß Köln heute schon wieder mit Längen den Reißbrett- und Baukastenstädten als eine richtige, gewachsene, lebenswarme Stadt vorgezogen wird. Das ist mehr, als man nur zwanzig Jahre nach der totalen Zerstörung erwarten kann.
Dieses Buch zeigt in drei Abteilungen die Beharrlichkeit und den Wandel Kölns: Wie das Generalbild der Stadt wiedererstanden ist, wie in ihm markante Bauwerke ihre Individualgestalt geändert haben, und wie Straßen und Plätze unter Nachzeichnung der alten Verläufe sich neu präsentieren. Wer Köln damals kannte, sieht aus den Bildgegenüberstellungen erstaunt, wie es »anders« geworden ist, und wer Köln nur heute kennt, lernt, wie es einmal »anders« war. Alle aber werden einhellig bewundern, wie aus Schutt und Asche von gestern das Köln der Vergangenheit in die Zukunft weiterlebt. Ein imponierendes Phänomen.

Peter Fuchs

DAMALS: Ein Luftbild, im Jahre 1913 aus einem Zeppelin fotografiert. Es zeigt zwar schon Gürzenichstraßen-Durchbruch und Domfreilegung, Zeppelinstraße mit Großkaufhaus, Großmarkthalle am Rhein, aber noch führt die enge Markmannsgasse zur Deutzer Schiffsbrücke, noch gibt es das Gewirr der mittelalterlichen Straßen. Im Vordergrund der Neumarkt und das 1965 restlos verschwundene Bürgerhospital. Deutz noch ohne Messe.

GESTERN: Ein Luftbild, im Jahre 1945 von St. Pantaleon fotografiert. Es gibt kein heiles Haus; die Bevölkerung ist auf 40 000 abgesunken und vegetiert zwischen Staub und Steinen. Die einst so heimeligen Straßen sind makabre Trampelpfade, Dornenwege ins Ungewisse. Rechts im Bild der Wasserturm; die »Straße« im Vordergrund die Bäche. Von Leben nichts zu erkennen. Eine gespenstische Landschaft.

Der Dom 1925: Gewaltsam freigelegt von den alten Häuschen, die sich um seinen Saum duckten, aber doch noch eingebunden in die alte Struktur Kölns. Anfang und Ende der Hohe Straße, Gipfel im Panorama der Stadt, Pilgerstätte für Gläubige und Suchende. Mit seiner siebenhundertjährigen Anwesenheit ein Monument des Überdauerns, des Überlebens, ein Wahrzeichen für die Existenz Kölns.

HEUTE: Ein Luftbild, im Jahre 1965 aus einem Hubschrauber fotografiert. Köln 20 Jahre nach seiner Agonie. Wieder geordnetes, blühendes Leben, wieder eine Stadt – aus Heimatliebe und Fleiß errungen. Auf altem Grundriß neue Bauten: neuzeitlicher Stil zum historischen Duktus. Im Vordergrund das neue Griechenmarktviertel und die Bäche. Von rechts unten nach links oben die neue Nord-Süd-Fahrt.

Der Dom 1945: Eine amerikanische Luftaufnahme am Ende des zweiten Weltkrieges. Die Hohe Straße, früher (und heute wieder) Schlagader eines stark pulsierenden Stadtorganismus und Lebenspendant zum Dom, liegt tot und bleich in deformiertem Hausgerippe. Einzig die Kathedrale, zwar voller Wunden, hat noch Kontur und Bestand. Wahrzeichen für die Existenz Kölns? – es will unfaßbar scheinen.

Der Dom 1965: Inmitten einer aufgeräumten, aufgerichteten, neuerrichteten Stadt. Sie existiert nicht nur, sie blüht und gedeiht. Zu Füßen der hohen Kathedrale ging wieder Leben in die Trümmer, brach Daseinswille aus den Kellern, wollten die Kölner wieder ihr Köln haben. Und sie schufen es. Schufen wieder die Hohe Straße und ein Theater, den Bahnhof und ihr kölnisches Fluidum.

Köln am Rhein — welch topografischer Adel: Vom Strom ist das Antlitz geprägt, am Strom haben sich die Konturen der Stadt geformt. So profiliert, daß die Marterungen des Krieges nur vorübergehend entstellen konnten. Sie verwundeten zwar tief, aber tiefer noch lagen die Wirkkräfte der einmaligen Physiognomie.

Nächste Seite: Nicht Einfallslosigkeit oder Sentimentalität sind die Gründe dafür, daß das Bild von heute wieder dem von früher gleicht — es ist die sich behauptende Kraft des Charakters. Eine wirkliche Stadt ist ein in sich bestimmtes, in sich bedingtes Individuum, nicht beliebig wandelbar. Köln am Rhein ist Köln am Rhein geblieben.

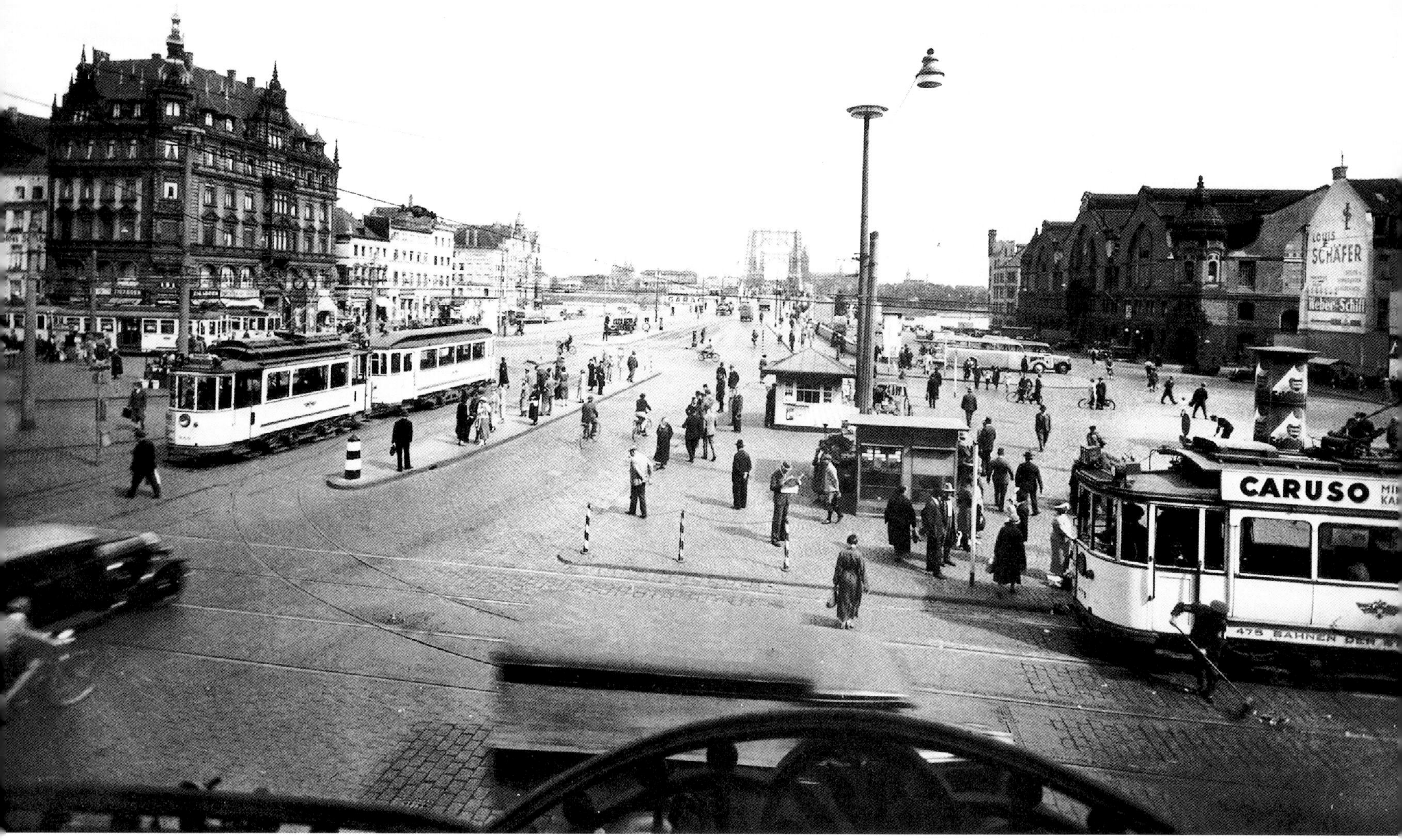
CARUSO
LOUIS SCHÄFER
Weber-Schiff

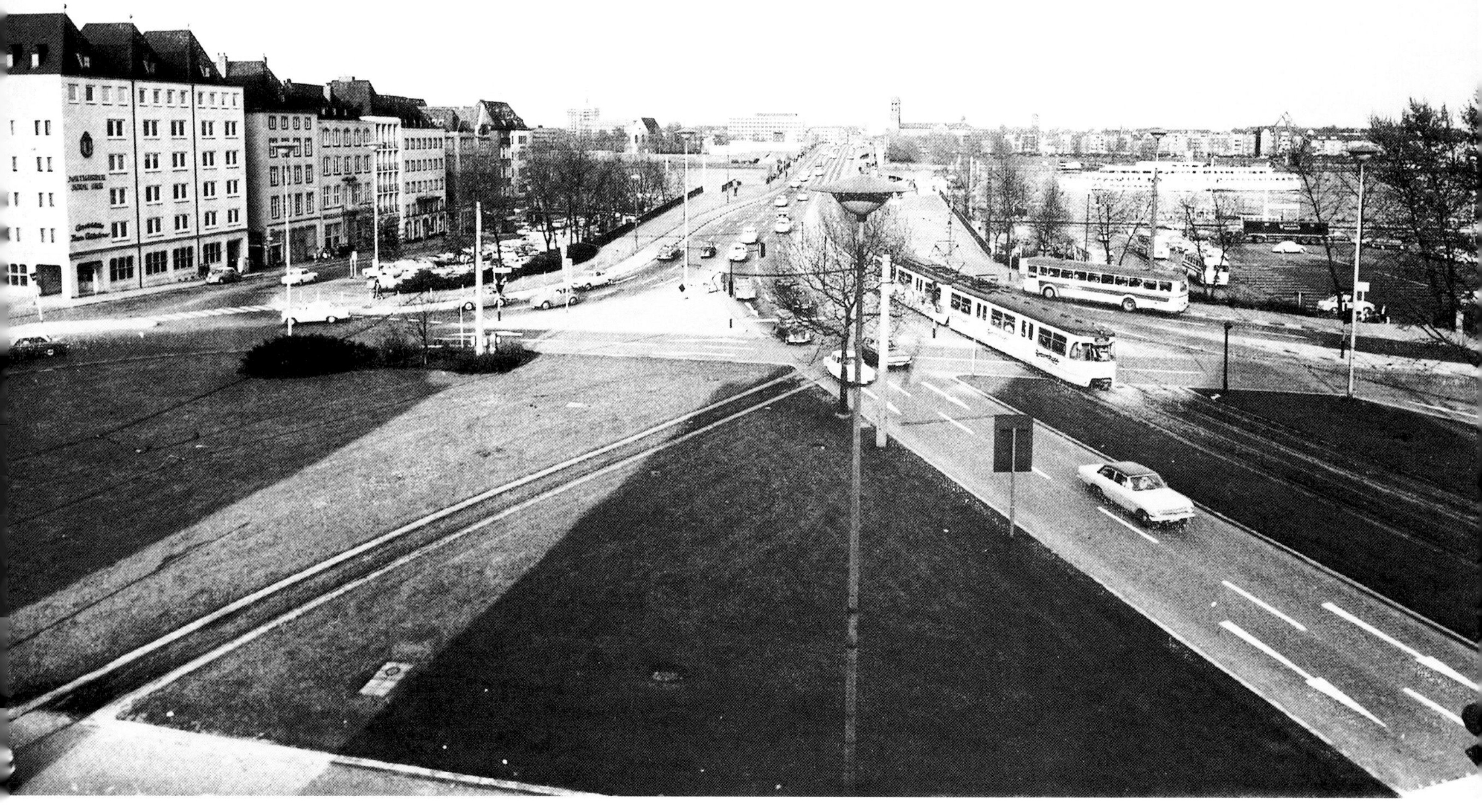

Linke Seite: Vom Heumarkt öffnet sich heute die Altstadt über die **Brücke nach Deutz,** das jenseitige Ufer optisch und technisch einbeziehend ins große Stadtterrain. Mit dem Bau der Hängebrücke 1915 begann die Auflösung des Platzcharakters; später wurde er auch im Westen durchlöchert. Der moderne Verkehr hat dann den einst so intimen Raum ganz gesprengt; heute ist er nur noch eine große Kreuzung.

Rechte Seite: Der bezaubernde Gegensatz von engen Gassen und breitem Strombett gehört zu den Eigentümlichkeiten Kölns und wird selbst durch ein so verbindendes Element wie eine Brücke noch unterstrichen. In der Enge der Häuser kündet der große Fluß von Weite und Welt. Das ist geblieben, auch wenn sich die Bauwerke gewandelt haben. Der Blick vom Gürzenich durch die Bolzengasse ist unverändert.

Der alte **Rathausplatz** strahlte Historie und Würde aus. Von ihm blieb nur die Partie Hansasaal mit Laube und Turm in erhaltenswerter Substanz übrig. Das damals einsam parkende Auto des Oberbürgermeisters demonstrierte die Ruhe vor dem großen Sturm der motorisierten und hektischen Zeit. In ihrem kriegerischen Furioso mußte die Rathausplatz-Idylle in Trümmer gehen. Nur langsam gewinnt sie wieder Gestalt.

Der »Spanische Bau«, ein 1611/15 entstandener Verwaltungstrakt gegenüber der Rathauslaube, ist im Luftkrieg vernichtet worden. Unter seinen Fundamenten fand man bei Nachkriegsgrabungen das alte römische Prätorium, den Sitz des Statthalters von Niedergermanien.

In das museal hergerichtete Prätorium kann man mit dem Fahrstuhl innerhalb des neuen »Spanischen Baues« hinabfahren. Dieses Haus tut seit seiner Errichtung 1956 als Rathaus Dienst und trägt zunächst auch diese Bezeichnung. Es ist Nord-West-Grenze des Rathausplatzes.

Alles Beiwerk wurde abgerissen, um einen möglichst reinen Kern des alten Rathauses in den geplanten Neubau einzubringen. Das neue Rathaus soll auch das historische Judenbad überdecken, das im Boden erhalten und heute nur durch eine Betondecke geschützt ist (Bildvordergrund).

Die **Hohe Straße,** das Herzstück der Stadt, summte von Ware und Reklame, von Käufern und Passanten. International und kölsch war das Milieu. Eine betörende Mischung Leben . . .

. . . bis die Bomben den Tod brachten, vorher unvorstellbar in seiner Entstellungskraft.

Hatten hier feine Tuche gelagert, war hier Eau de Cologne und französisch Parfum verströmt?

Kölnischer Lebensmut und kölnischer Handelsgeist zauberten alles wieder an den Tag. Grad wie die Heinzelmännchen. Und wie bei ihnen hieß das überraschende Wunderrezept: Arbeit!

Oben: **Vor dem Portal des Domes** trifft sich die Stadt, trifft sich die Welt. Die Route Hohe Straße—Hauptbahnhof läßt hier keinen Stillstand aufkommen. Hotels, Banken, Verkehrsamt umstehen dienend, bedienend und verdienend diesen Treffpunkt der Stadt. Hier hatte sich im Excelsior-Hotel Ernst nach dem 1. Weltkrieg die englische Besatzung einquartiert. Unser Foto zeigt den »Union Jack« auf dem Dach.

Links: **Groß-St.-Martin,** das repräsentative Pendant zum Dom im Uferpanorama, hatte auch eine malerische Hinterpartie. Im engen Ausschnitt der Rheinviertelgäßchen bot sich ein Bild mittelalterlicher Kirchenmächtigkeit über kauernde Gläubige. Wie der Satan fuhr der Krieg in diese Zweisamkeit. Doch selbst in der Totenstarre blieb ein Rest Harmonie.

Oben: Nach wie vor ist der **westliche Domvorplatz** ein quirlender Fixpunkt. Zwar ist die Kulisse nach ihrer Kriegszerstörung ausgetauscht, aber städtebauliche und ökonomische Bestimmung sind geblieben. Wie vor Jahrzehnten kann man hier vom gleichen Standpunkt, aus der gleichen Raumordnung seine Blicke an den Dompfeilern emporgleiten lassen. Geplant ist hier eine reine Fußgängerzone.

Links: **Groß-St.-Martin** ist aufgebaut, Stein für Stein der Urform nachgebildet. Auch die enge Nachbarschaft ist kopiert. Doch ist sie noch nicht wieder vom alten Leben durchpulst. Altenger Parzellengrundriß vermag nicht allein aufzuwiegen, was durch unzureichende Ökonomie verfehlt wurde. Der profilierte »Mondial«-Hotelbau markiert bereits den vitaleren Dombereich.

ZUR RHEINUFER-BAHN
Restauration. Friedr. Hast.
Sester Cristall
SÜNNER BRÄU
Buchhandlung
Buchhandlung

Die alte Uferpartie an **Bollwerk und Frankenturm,** zwischen Groß-St.-Martin und Hohenzollernbrücke, war voll einladend enger Gemütlichkeit; fast eine ins Stadtbild übertragene Hänneschenkulisse. Wer Augen hatte, konnte hier Bärbel und Besteva, Tünnes und Schäl sehen – auf den »Duffesen« (Taubenschlägen) ebenso wie in den rauchbraunen Kneipen inmitten deftiger Bürger und gelehriger Touristen.

Nur verschüttete Keller waren 1945 übriggeblieben, wo einst die Uferbeleuchtung malerische Hausgiebel in Szene gebracht hatte. Noch heute ist die Neubebauung nicht komplett. Aber das alte Milieu zieht in diesen Bereich schon wieder ein; freilich ausgedehnt um die moderne Verkehrswelt, welche Touristen im Schnelltrip heran- und wegführt und vor die Gemütskulisse eine nüchterne Rollbahn legt.

Seit 1900 ist die Partie beim **Stapelhaus** befreit von den Lagerhallen und Bollwerken, die sichtbehindernd am Strom gestanden hatten. Die damals um zehn Meter vorgeschobene neue Uferstraße (Frankenwerft) sollte nach jahrhundertelanger mittelalterlicher Enge freier atmen lassen. Die Ausweitung kam später dem motorisierten Verkehr sehr gelegen; er machte die Uferstraße zur Rollbahn.

Rechts: Vor der Ruine von Groß-St.-Martin blieb von dem 400 Jahre alten Stapelhaus nur der um 1900 angebaute Treppenturm stehen. Naturkundemuseum im oberen und Restaurant im unteren Stockwerk sanken in Asche, die Caféterrasse wurde umgepflügt (oben). Zwischen der traditionellen Kulisse und der neuzeitlich ausgeprägten Fahrbahn (unten) soll das Stapelhaus modern wiedererstehen.

Die Bauwerke

Daß sich Köln vornehmlich in den großen Konturen ähnlich geblieben ist, weniger in Einzelbauwerken, zeigt ein Vergleich. Wohl überspringt an Stelle der alten Hängebrücke vor dem traditionellen Stadtpanorama wieder eine neue Brücke den Rhein – aber es ist eine andere, gewandelte. Wohl ist an Stelle des alten Wallraf-Richartz-Museums wieder eins entstanden – aber es ist ein anderes, gewandeltes. Kirchen sind aus Ruinen neugeformt, nur vage oder gar nicht ihrer Vorform ähnelnd. Die früher getrennt placierten Theater sind heute an anderer Stelle durch eine neue Baueinheit ersetzt. Gesichte und Standpunkte haben sich gewandelt. Die Handschrift unserer Zeit hat dabei mitgezeichnet. Ob zum Vorteil, ob zum Nachteil, ist manchmal Geschmacksfrage, manchmal aber auch eindeutig. Unsere Bilder zeigen Beispiele.

Die **alte Hängebrücke**, 1913–15 erbaut und später »Hindenburgbrücke« geheißen, war lexikonreif. Sie war ein Sieg der Ästhetik in der Technik, ein frühes, überzeugendes Beispiel für die Aufgeschlossenheit der historischen Stadt gegenüber modernen Würfen; gleichzeitig ein Zeugnis konstruktiven und progressiven Rheinbewußtseins.

Das stolze Werk lag 1945 wie Streichhölzer geknickt, als die Bomben ihre Wirkung getan hatten. Ein Sieg der rohen Gewalt, Anklage gegen destruktives und agressives Rheinbewußtsein. Lange sperrten die Trümmer die Fahrrinne des Stroms. Kölns stolzer Ruf als Stadt der Brücken schien hoffnungslos in braunen Fluten versunken.

Die 1947/48 von Ing. Fritz Leonhardt erbaute neue **Deutzer Brücke** fand wieder Standkraft im Strom und gab Spannkraft im Stadtpanorama. Wenn sie auch mangels genügenden Stahls nicht so breit wurde, wie gewünscht, so ist das oberbaulose Werk doch makellos. Eine Neuauflage des alten Siegs der Ästhetik in der Kölner Technik.

Erst anderthalb Jahrzehnte nach der Deutzer Schiffsbrücke verschwand die **Mülheimer Schiffsbrücke,** um Platz für einen stählernen, modernen Hängebrückenbau zu machen. Das Idyllisch-Geruhsame des Pontonstegs hatte zu große Nachteile in der verkehrsschnelleren Zeit: Für jedes Schiff mußte die Brücke unterbrochen werden.

Die Freude war groß, als nach zweijähriger Bauzeit 1929 die **Mülheimer Hängebrücke** eingeweiht wurde. Als größte Kabelbrücke Europas und erste in sich selbst verankerte Kabelbrücke der Welt erregte sie allgemeines Aufsehen. Die Eröffnungszeremonie war ein Bekenntnis der Zusammengehörigkeit von links- und rechtsrheinischem Köln.

Die 1944 nach Bombenschäden eingestürzte Mülheimer Hängebrücke wurde 1951 durch eine neue ersetzt. Ein einziger Hängebogen überspannt seitdem mit 315 m Breite den Rhein. Unter der Einweihungsprominenz (v. l.): Ministerpräsident Arnold, Bundeskanzler Adenauer, Oberbürgermeister Görlinger, Regierungspräsident Warsch, Landtagspräsident Gockeln.

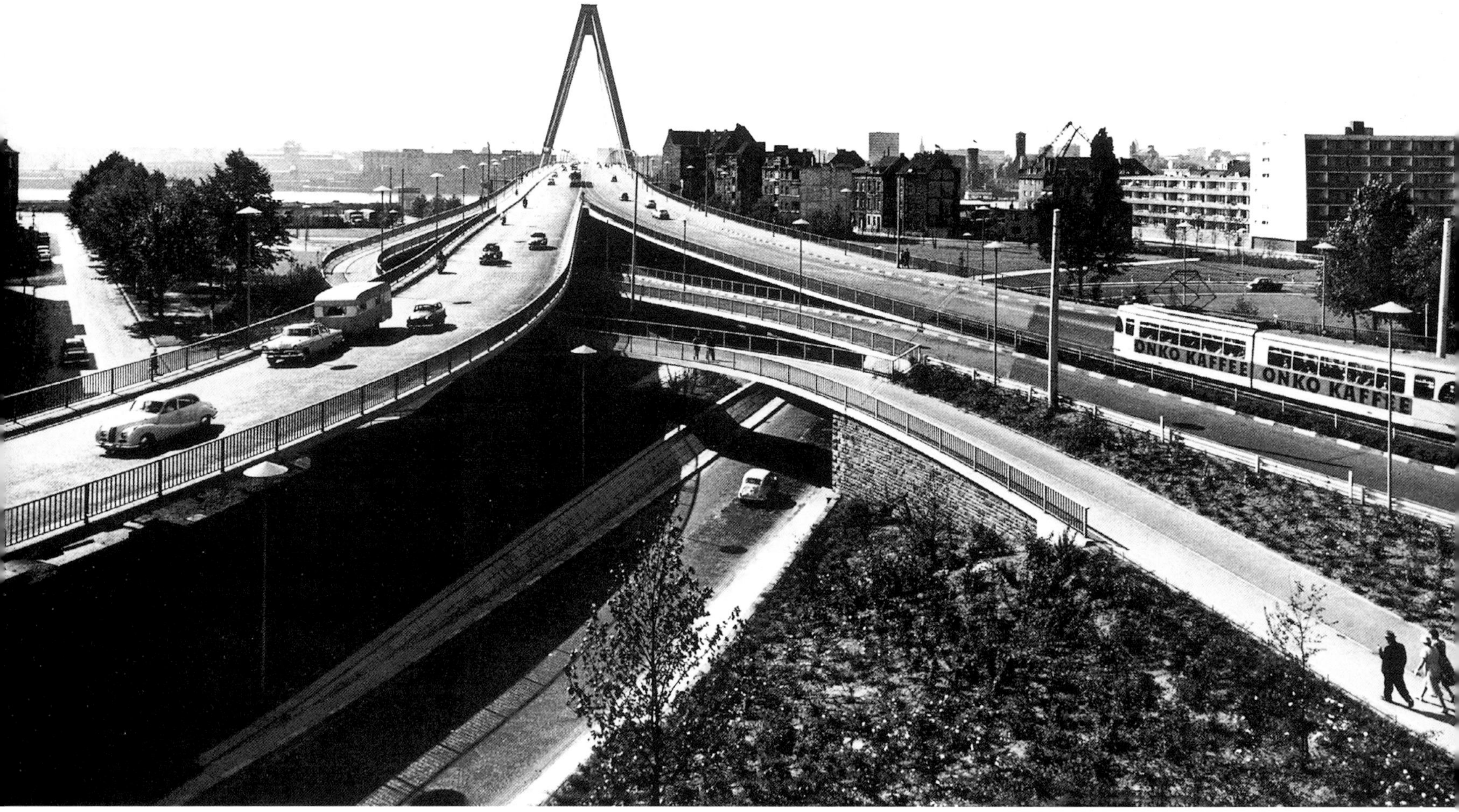
ONKO KAFFEE
ONKO KAFFEE

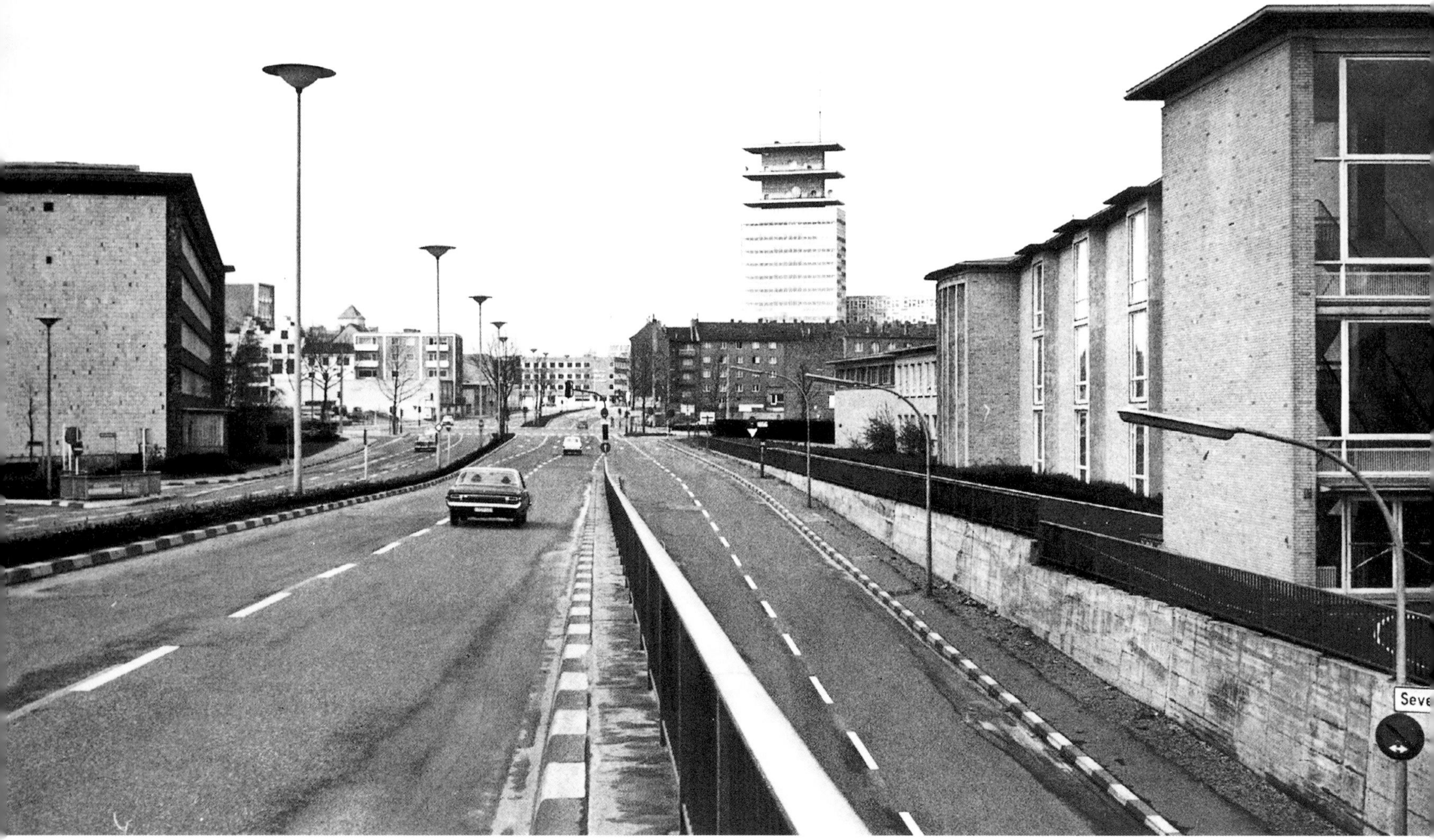
Seve

Links: Mit klug geführten Straßengabeln auf beiden Landseiten ist die 1959 neu ins Stadtbild gesetzte **Severinsbrücke** (Arch. Lohmer) mehr als ein Steg von Ufer zu Ufer: Sie ist die ungehinderte Fortsetzung des Verkehrsnetzes über den Strom. An einem markanten und elegant ausgebildeten Stahlpylon ist mit Seilen die Straße aufgehangen, die das Wasser überspringt. Eine neue Dominante im Stadtbild.

Rechts: Der 1894 als Nachfolger für den 1859 errichteten ersten »Centralbahnhof« gebaute **»Hauptpersonenbahnhof«** neben dem Dom lebte in seiner schwer definierbaren, abartigen italienischen Renaissancegestalt nur 50 Jahre. Bomben warfen ihn im Zweiten Weltkrieg durcheinander. Köln war zu allen Zeiten ein wichtiger Verkehrsknotenpunkt; im Krieg bekam es das negativ zu spüren.

Rechts: In seiner Grundkonzeption blieb der **Hauptbahnhof** erhalten; ein neues Gehäuse mit vollverglaster Halle wurde darumherumgebaut. Die alten Bemühungen, den nahen Dom von diesem lästigen Nachbarn zu befreien, scheiterten bald nach Kriegsende an den leeren Kassen und an anderweitiger Fortführung des dringend notwendigen Zugbetriebes. Aus dem Provisorium wurde wieder fester Bestand.

Links: Der Severinsbrücke angebunden schließt die breite **»Nord-Süd-Fahrt«** die City für den Autoverkehr auf. Sie ist die flotte Ergänzung der zum Bummeln einladenden Geschäftsstraßen – bewußte Kombination zur Bewältigung des gestiegenen Verkehrs und zur Steigerung der Anziehungskraft Kölns. Erstmals seit Römertagen wurde eine neue Nord-Süd-Achse in den Stadtkörper gefügt.

Fast genau nach 500 Jahren, beim furchtbaren Großangriff am 29. Juni 1943, ging der von 1441 bis 1444 erbaute **Gürzenich** in Flammen auf. Der 1857 mit gotisierender Holzverkleidung ausgeputzte Festsaal, der wie sein Vorgänger die erlauchtesten und lebensfreudigsten Feiern erlebt hatte, brannte wie Zunder. Am Kriegsende stand nur noch das rechteckige Mauergehäuse.

Aus der Initiative der Bürgerschaft erstand der Gürzenich in den Jahren 1952 bis 1955 in seinen alten Mauern neu (Architekten K. Band und R. Schwarz). Der große Saal (Decke: L. Gies, Fenster: W. Teuwen) faßt 1100 Besucher. Das Foyer (Fenster: H. Lünenborg) trennt und verbindet zugleich durch einen Lichtschleier die an den Gürzenich gekoppelte Ruine von St. Alban.

Das 1902 am Habsburgerring, an der Nahtstelle zwischen Altstadt und Neustadt, eröffnete **alte Opernhaus** (Architekt C. Moritz) stand bei Kriegsende nur noch als Ruine. An Stelle des einstigen neubarocken Musentempels erhebt sich heute der gläsern-glatte Verwaltungsbau einer Versicherung.

Dem Gefühlsüberschwang der Zeit und der Seelenlage der Kölner kamen Ausstattung und Ausschmükkung des alten Opernhauses entgegen. Vor den Zuschauerbalkonen waren die Namen berühmter deutscher Opernkomponisten gleichsam in ehernen Lettern angeschrieben: Mozart, Weber, Wagner, Gluck . . .

In einem modernen Theaterkomplex haben in der Innenstadt am Offenbachplatz die **neue Oper** (1954–57) und das Schauspiel (1959–62) neue Heimstatt gefunden (Architekt W. Riphahn). Die Massen und Konturen des Baues setzen einen eigenwilligen, stadtgestalterischen Akzent an alter Schauspielhausstätte.

Auch im Innern der Oper ist eine neuzeitlich-individuelle Lösung gefunden worden: die herkömmlich umlaufenden Ränge sind in versetzte Balkone aufgelöst. An Stelle der früheren Malereien wirkt heute das Material. Im benachbarten Schauspielhaus ist das Interieur noch einfacher.

Der Renaissance-Fassade des Louvre war das **Schauspielhaus in der Glockengasse** nachgebildet. Stadtbaumeister Raschdorff hatte es erbaut. Als es 1872 eröffnet wurde, bot es 1800 Sitzplätze, 20 Balkonlogen, zwei Ränge und eine Galerie unter der Decke. Inmitten von Plüsch und Gaslaternen erbaute sich hier die Kölner Gesellschaft. Bomben legten das Haus in Trümmer (siehe Mittelbild rechte Hälfte Ruine des Schauspielhauses).

Als **»Kleines Haus«** an die Oper am Offenbachplatz angefügt, ist das neue Schauspiel (Architekt W. Riphahn) ein Sinnbild unpathetischen modernen Theaterstils. Es hat nur wenige Meter vom einstigen Schauspielhaus entfernt seinen Platz gefunden – aber seine nur 900 Plätze gegenüber früher 1800 belegen die Reduzierung vom repräsentativen Treffpunkt auf eine Stätte musischen Erlebens und geistiger Auseinandersetzung (Bild links).

Den Formen nach gotisch und der Idee nach klassisch – so war das erste **Wallraf-Richartz-Museum** an der Rechtschule ausgebildet. 1861 entstand es unter Einbeziehung eines alten Klosterganges neben der Minoritenkirche. Den Grundstock des Museums bildete die Sammlung des Kanonikus Wallraf; der Kaufmann Richartz hatte den Bau finanziert. Am Peter-Paul-Tag 1943 brannte er aus (siehe Mittelbild im Vordergrund).

Die durch Verlagerung geretteten Kunstwerke fanden neues Domizil im 1955/56 errichteten Museumsbau am alten Platz (Architekt R. Schwarz). Mit der Sammlung Haubrich wurde der Anschluß an die moderne Kunst gefunden, und mit repräsentativen Ausstellungen der hohe Ruf der Kölner Galerie und des Kölner Museumswesens gefestigt. Die Denkmäler von Wallraf und Richartz haben vor dem Haus ehrenden Platz (Bild rechts).

Links: Das alte **Erzbischöfliche Palais** in der Gereonstraße (oben) wurde Opfer des verheerenden Luftangriffs am Peter-Paul-Tag 1943. Der von 1758 stammende Rokokobau hatte nach gehoben-bürgerlicher Nutzung seit 1824 als Metropolitansitz gedient. An seiner Stelle ist 1957 in Winkelanlage Ecke Gereonstraße/Eintrachtstraße das neue Haus (unten) des Erzbischofs entstanden (Architekt Schumacher).

Rechts: Ausgezeichneten preußischen Klassizismus schinkelscher Prägung demonstrierte das 1830/32 erstellte **Regierungsgebäude** in der Zeughausstraße (oben). Nach mehrfachen Bombenschäden 1942, 1943 und 1944 blieb nur der Ostteil in seiner architektonischen Struktur erhalten (Mitte). In Verbindung mit ihm wurde 1952 ein moderner Neubau vollendet (unten, links im Bild; alter Teil hinter den Bäumen).

Die **Industrie- und Handelskammer** zu Köln hat im Krieg ihr 1932 bezogenes Domizil im Bau der ehemaligen Schaaffhausenschen Bank, Unter Sachsenhausen Nr. 4 (oben links), verloren. 1951 konnte sie ihren Neubau Unter Sachsenhausen 10–26/Ecke Börsenplatz (oben rechts) beziehen (Architekt Hell).

»Vater Rhein« und seine Töchter schlossen ab 1922 den mittleren Grünstreifen auf dem **Kaiser-Wilhelm-Ring** nach Süden hin ab. Von Adolf von Hillebrandt aus Stein gehauen, belebten sie das Becken eines Brunnens (links). Im Sommer waren die planschfreudigen Pänz mit von der Partie. Das Gestein wurde im Krieg zerstört.

Die **Kaiserin-Augusta-Halle** – eine Passage von der Hohe Straße zur Brückenstraße und zur Ludwigstraße – wurde 1863 gebaut. Stadtbaumeister Weyer und der Schaaffhausensche Bankverein waren die Initiatoren (oben links). Die Passage erlitt das gleiche Schicksal wie das Viertel. Heute: Warenhaus (oben rechts).

Wo früher der Vater-Rhein-Brunnen dem Ring eine optische Teilungsgrenze setzte, ist heute freier Durchblick (links). Die einst mit Sträuchern abgeschirmte Parkanlage ist einer mit kleinen Springbrunnen und Bänken bestückten Promenade gewichen. Der Rheintöchter feuchte Liegeplätze sind heute trockene Parkstände.

Wie sich die Stile ändern: An der Stelle des verschnörkelten, aber doch sehr gemütlichen »Café Bauer« **Ecke Hohe Straße/Perlenpfuhl** steht heute ein glatt plattierter Geschäftsbau mit Neonreklame.

Wie sich die Stile ändern: Wo **Ecke Mittel- und Apostelnstraße** bis in den Krieg das neugotische Wohnhaus des Dichters Wolfgang Müller-Königswinter stand, hat heute ein Beton-Glasbau Platz.

Wie sich die Stile ändern: Am Wohnhaus **Theodor-Heuss-Ring** (früher Deutscher Ring) Nr. 24 sind die reichen Jugendstilornamente von glatten Fassaden-Klinkern abgelöst worden.

Das Hotel »Ewige Lampe« **Ecke Komödienstr./Andreaskloster** verdeckte früher die Andreaskirche. Der Krieg löschte die »Lampe«. Ein flacher Bau läßt nun das Gotteshaus sichtbar emporwachsen.

Die **St.-Alban-Kirche** am Quatermarkt, deren Geschichte bis in vorkarolingische Zeit reicht, ist in dem Jahrtausend ihres Bestehens vielfach geändert und erweitert worden. Als sie 1943/45 schwere Kriegsschäden erlitt, total ausbrannte und teilweise einstürzte, verlöschte damit das einmalige Innenbild, welches das kühn eingesetzte sterngewölbte Mittelgeviert geboten hatte.

Das ausgeblasene Gemäuer von Alt-St.-Alban konnte gesichert werden. Mit ihm ergab sich die Möglichkeit, ein Zeichen der Vergänglichkeit und der Leiden Kölns an das benachbarte Haus des Lebens, den Gürzenich, zu binden. Ein ebenso modern wie seriös gestalteter Foyerbau koppelt Sakrales und Profanes auf eine gutkölnische Art und Weise (Arch. K. Band u. R. Schwarz).

Als Kirche aufgegeben und 1954 in den Besitz der Stadt übergegangen, ist die himmeloffene Ruine von St. Alban seit 1959 Gedenkstätte der Zerstörung und der Toten des Krieges. Eine Kapelle zu Füßen des Turmes ruft zum stillen Gebet. Im offenen Gewölbeteil sind die Mataré-Kopien der von Käthe Kollwitz geschaffenen Statuen der knieenden Eltern inbrünstige Sinnbilder des Trauerns.

Die einst romanische, fünfschiffige gotisierte **St.-Kolumba-Kirche,** Ecke Kolumba- und Brückenstraße, war eine besonders typische alte Kölner Pfarrkirche (rechte Seite oben). Um 1500 war sie nach Süden erweitert und dem Schräglauf der Straße angepaßt worden (links außen). Ab 1941 wurde sie durch Bomben schwer beschädigt und schließlich beim Großangriff am 2. März 1945 vernichtet.

Nur ein Teil der Umfassungsmauern und der nördlichen Chorbogenpfeiler mit der gotischen Madonnenskulptur blieben stehen (links innen). Um diese Figur wurde 1950 die Kapelle »St. Maria in den Trümmern« gebaut (Architekt: G. Böhm, Fenster: L. Gies). Ihre Vorhalle ist auf dem Stumpf des alten Kolumba-Kirchturmes errichtet. 1956 wurde eine Anbetungskapelle hinzugefügt (rechts unten).

Elendskirche (links oben außen) und **St. Johann-Baptist** (links oben innen) sind nachbarschaftliche Zeugen grausamen Kriegsschicksals: die eine ausgebrannt, die andere teilweise zerstört (links unten). 1953 erhielt die Elendskirche wieder Dach und Dachreiter, später St. Johann-Baptist einen neuen Turm und ein neues Gehäuse. Durch das Freifeld der Severinsbrücke sind beide Gotteshäuser stark ins Blickfeld gehoben (oben).

Zu den eindrucksvollsten Bauten des Historismus im Gefolge des Kölner Dombaues gehört die 1860/64 von Vinzenz Statz gebaute **Mauritius-Kirche.** Bis auf den Westturm wurde die neugotische Basilika 1943/44 ein Opfer der Bomben. An ihn fügte Architekt F. Schaller 1956/57 einen neuen Raum, der jede Kopie des Vorhergehenden vermeidet und ein neues Kunstwerk setzt (links außen).

Früher in enge Bebauung eingebunden, ist die ev. **Antoniterkirche** an der Schildergasse (linke Seite) heute in ihrer West- und Südflanke dem weiten Blick freigegeben, seit die Nord-Süd-Fahrt tief vor ihr verläuft (oben). Der 1350 begonnene Gottesbau hat im letzten Krieg schwere Schäden erlitten; dazu verlangte die Straßenflucht eine neue Westfassade und hob ihn aufs Podest.

Links: **Alt-St. Heribert** in Deutz stand um die Jahrhundertwende eingekeilt zwischen Kürassierkaserne und Berg. Märkischem Bahnhof. Enggeschachtelt die Häuser der »Festung Deutz«. Unter der Artilleriewerkstatt das römische Osttor. Auf der Kölner Seite bis 1900 die »Bastion St. Martin«, das sogenannte Bollwerk; über den Rhein die »Muusfall« genannte Gitterbrücke (bis 1911), Vorläuferin der Hohenzollernbrücke.

Rechts: Die Bebauung um Alt-St. Heribert wurde nach und nach gelichtet. Die Eisenbahn verschwand schon vor dem 1. Weltkrieg. Anläßlich der »Pressa« 1928 wurde die Kaserne zum »Haus der Rheinischen Heimat« umgestaltet, das militärisch mißbrauchte einstige Heribertskloster zum Museum für Kirchenkunst erhoben. 1929 bis 1938 wurden die Fundamente des römischen Kastells freigelegt (oben). Der Krieg zerriß die zivilisierten Bauten (unten).

Nächste Seite: Auf dem von Bomben planierten Gelände stehen heute Heribertskirche und Heribertskloster als einsame Ruinen; ihre Restaurierung ist geplant. Auf dem Terrain der einstigen Kaserne erhebt sich das 1957/59 erbaute **Haus des Landschaftsverbandes Rheinland** (Architekten: von Rudloff und Schulze-Fielitz). Zwischen Alt-St.-Heribert und der Deutzer Brücke ist ein Kongreßzentrum mit Hochhaus geplant.

Straßen und Plätze

Die stolzen, belebten Straßen von damals blieben in der kölnischen Trümmerwüste von gestern zwar nur als staubige, steinige Trampelpfade dienstbar – aber sie waren auch erste Leitlinien einer Stadtordnung für heute. Die Hohe Straße, ihrer säumenden Geschäfte beraubt, entstand in alter Bazarenge wieder. Der enggiebelig umstandene Alter Markt gewann aus Trümmern neu seinen alten Platzcharakter. Der Heumarkt zahlte weiter Tribut an den Verkehr. Das Griechenmarktviertel pflegt in neuer Bebauung sein altes Milieu. Die Bäche haben den alten Verlauf, doch eine radikal gewandelte Kulisse. Geblieben, verändert, variiert – eine bunte Mischung guten und schlechten Aufbaus begegnet uns auf einem Gang durch die Stadt. Er beginnt auf der Hohe Straße mit Blicken in seine Nebenwege. Beim Dom wenden wir uns zum Rhein und gehen von dort über Heumarkt und Neumarkt mit Abstechern in die Nachbarschaft zu den Ringen. Über die Bäche zur Südstadt; am Ufer entlang zur Nordstadt, und von dort ins Domviertel zurück. Eine eindrucksvolle Erkundungstour!

Regie Diners von Mk 1.- an
ABENDS KONZERT Inh. Hans Linder
Indanthren Haus
SIMPLICISSIMUS
TANZ-KABARETT
KONZERT
CAFE ATLANTIC
HOHESTR. 129A

ZEISS
OPTIK
SAROTTI
GEBRÜDER HEINE
Schumacher

Die **Hohe Straße** ist die Inkarnation Kölns seit Römertagen. In ihren Bildern spiegelt sich das Schicksal der Stadt; die furchtbare Prüfung – aber auch die glänzende Bewährung. Darum muß ein Gang durch die Straßen und über die Plätze Kölns bei der Hohe Straße beginnen. Es gibt keine treffendere pars-pro-toto. Links: In den 20er, in den 30er, in den 40er und in den 50er Jahren; rechts: in den 60er Jahren unseres Jahrhunderts.

Eine vergnügliche Seitenstraße der Hohe Straße war die **Salomonsgasse.** Da war der berühmte »Kaiserhof«, ein Varieté von Weltruf. Aber auch hier erstarb das Lachen, und die Gemütlichkeit flog in Fetzen. Heute flankieren glatte Fassaden den Durchblick auf den noch unvollendeten Rathausturm. Der alte Laurenzplatz am Straßenende ist noch ein ungefüger, von Autos beschlagnahmter Freiraum (oben).

Das **Laurenzgittergäßchen** war früher ein enger Durchlaß zwischen Unter Goldschmied und Kleiner Budengasse. Willi Ostermann hat es im Lied »De Wienanz han'nen Has' em Pott« besungen. Heute trägt eine Toreinfahrt in der Kleinen Budengasse den lustigen Namen. Sie führt durchs Haus des Karnevalsprinzen Wienand. Laurenzgitterplätzchen heißt ein Teil des benachbarten Rathauskomplexes (links).

Der **Laurenzplatz** mit dem Bankhaus I. H. Stein und dem Moltke-Denkmal war der vornehm-stille Übergang vom brandenden Betrieb der Hohe Straße zum würdevollen Rathauskomplex (Bild oben). Der durch Bomben ausgeweitete Raum ist noch nicht ganz geschlossen. Die Nordwand bildet seit 1959 das neue Haus der Bürgergesellschaft mit dem »Senats-Hotel« (Architekt W. Koep (Bild links).

KÖLNER ADRESSBUCH.
RUDOLF
Thee
Thee

In die **Brückenstraße** mündete früher ein Ausgang der Königin-Augusta-Halle, der »Passage«. Daneben stand das erste Domizil des Kölner Adreßbuchverlages. Ein paar Schritte weiter, Ecke Hohe Straße/Obenmarspforten, die bekannte Mosse-Agentur (Bild links). Die Bomben ließen als Orientierung für Kenner nur ein paar Bogengewölbe von der Passage übrig (Bild oben). Ganz neu ist heute dieser Straßenzug (unten).

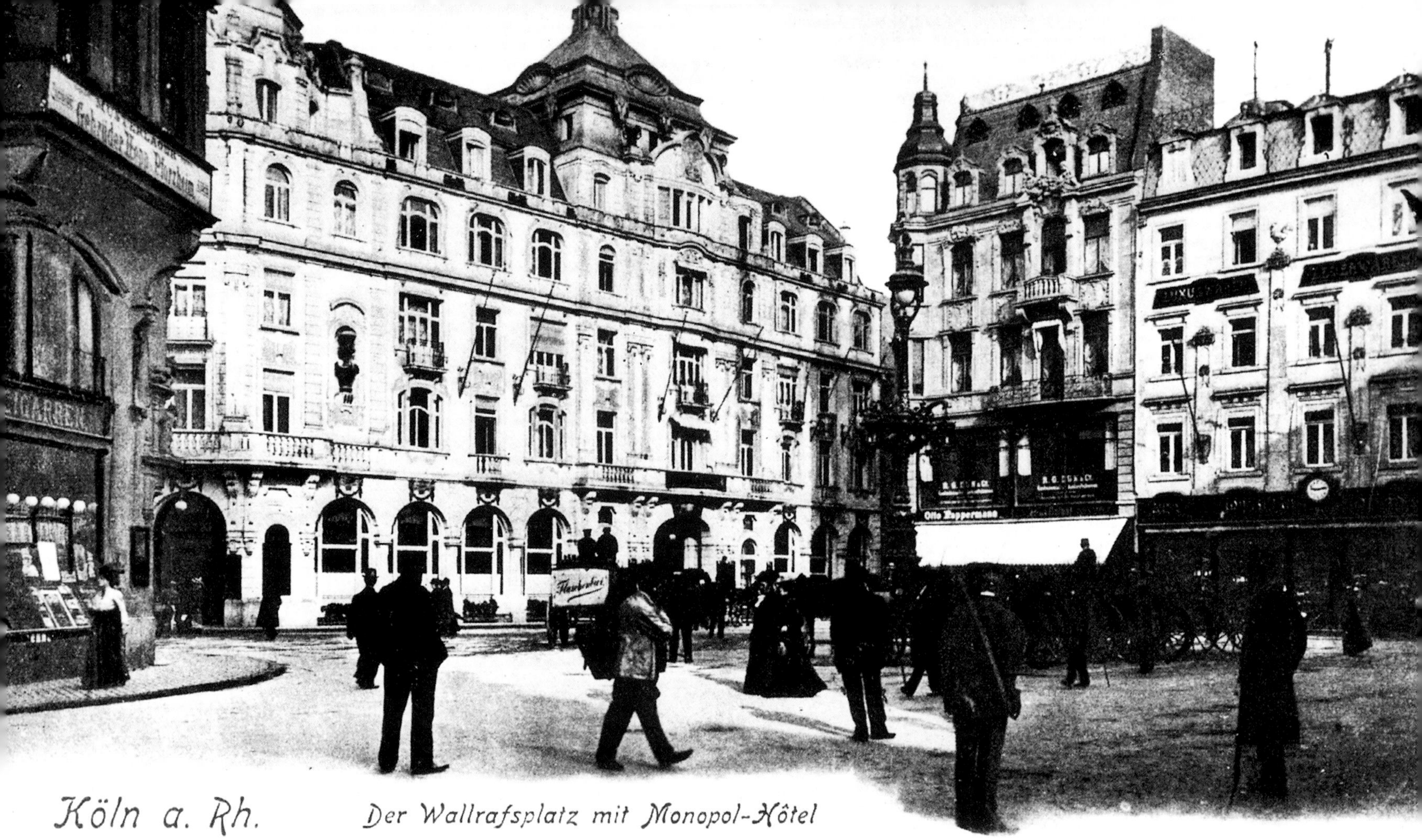

Köln a. Rh. Der Wallrafsplatz mit Monopol-Hôtel

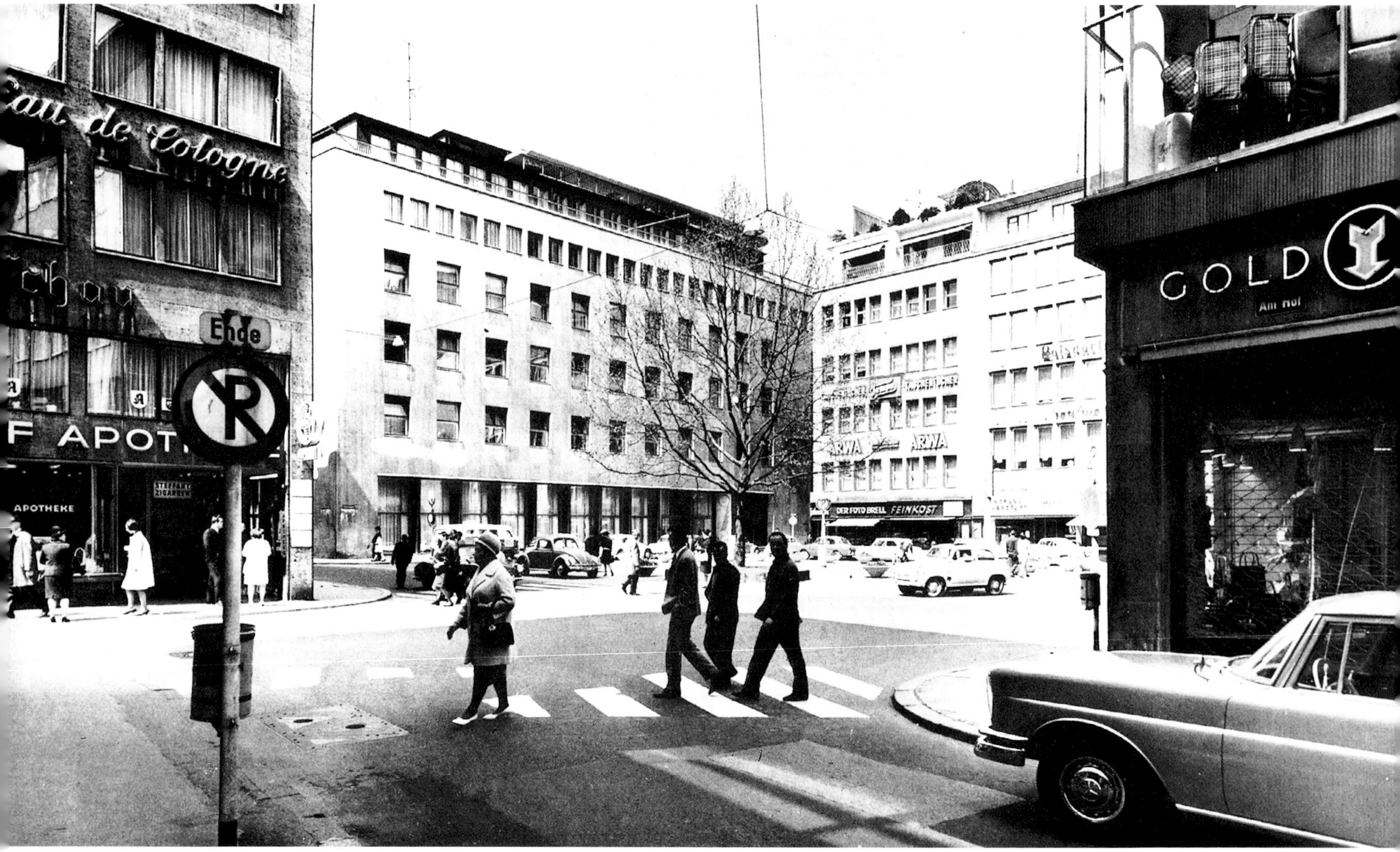

Die Westwand des **Wallrafplatzes** am Nordende der Hohe Straße nahm das gewichtige Hotel »Monopol-Metropol« ein, das 1900 an diesen nach den Ideen von Stadtbaurat Biercher neugeschaffenen Freiraum gestellt worden war (links oben). Der zweite Weltkrieg brannte das Haus aus. Die Ruine baute Architekt P. Schneider zum Funkhaus um (links unten), Hauptquartier des inzwischen ausgeweiteten WDR.

Vom Wallrafplatz am Wallraf-Richartz-Museum entlang verlief die Straße An der **Rechtschule** früher bis zum populären Wirtshaus »Zum Salzrümpchen«. Das ist verschwunden. Die dem Musentempel gegenüberliegende, früher mit Einzelhäusern bestückte, Seite (Bild links) wird jetzt von nur einem einzigen Großbau eingenommen: dem Hörfunk- und Fernsehstudio des Westdeutschen Rundfunks (unten).

Die **Breite Straße** war nicht breit. Wenn sie auch ihren Namen daherleitet, daß sie als einstige römische Heerstraße eine gewisse ansehnliche Breite gehabt haben muß. In unseren Jahrzehnten reichte es jedenfalls nur für ein Straßenbahngleis. Die so nah gegenüberliegenden Schaufenster dieser Geschäftsstraße konnte man in gemächlichem Hinüber- und Herüberbummel genießen (Bild: Ost-West-Blick).

Der Krieg bombte die Breite Straße zu dem Format auseinander, das sie heute hat. Im ostwärtigen Teil hat sie ein ganz neues Ausmaß und Gesicht erhalten, denn es war von der alten Bebauung kein Stein mehr auf dem anderen. Wo früher schmale Bürgerhäuser die Straße säumten, erstreckt sich heute die »Schweizer Ladenstadt« mit Parkhaus, Kellertheater und Brücke zur Oper (Bild: West-Ost-Blick).

Die **Glockengasse** war früher bekannt durch das Schauspielhaus, die Synagoge und das 4711-Haus (links außen). Der Krieg riß alles nieder (links innen; am rechten Bildrand Ruine des Schauspielhauses). Heute präsentiert sich dieser alte Straßenzug neu und hell. In Anlehnung an die Tradition haben sich Theater und Duftwasserfirma wieder eingefunden. Im Ostteil ist die neue Glockengasse nur Teil einer großen Straßenkreuzung (rechts).

4711
Aus der
GLOCKENGA

Weinstube zum Treppchen
Mathias Beckmann
AM Hof

Musikalien

HOTEL EUROPA

Die Straße **»Am Hof«** in drei Teilabschnitten fotografiert. Rechts: Die Partie am Heinzelmännchenbrunnen mit der Kölsch-Brauerei P. J. Früh. Mitte: Die Partie hinter der Einmündung Unter Goldschmied mit der Straßenpumpe. Die kleinen Häuser wurden später mit dem Tongerhaus zu einem großen Baukomplex vereint. Links: Die Partie von Haus Tonger bis zum Haus Saaleck Unter Taschenmacher. Dazwischen das »Treppchen«.

Die Straße Am Hof heute. Rechts: Beim Heinzelmännchenbrunnen noch die Brauerei Früh. Daneben das alte Treppengiebelhaus; jetzt abgeflacht, aber mit dem alten Eingang. Mitte: Die Fassaden hinter der Einmündung Unter Goldschmied haben sich geändert — nur die Pumpe steht noch. Links: Die Weinstube »Treppchen« wurde zum Treppchenkeller unter einem modernen Hotelbau. Haus Saaleck ist in alter Form wiederaufgebaut.

Der **Altermarkt** wird im Südwesten vom Rathaus begrenzt. Die von Raschdorff um 1860 angebrachte Fassade in französischer Renaissance (oben links) besteht seit dem Krieg nicht mehr (unten Mitte). Auch die schmalen Bürgerhäuser (oben rechts) sanken in Schutt; einzig der kühne kölnische Reitergeneral Jan von Werth hielt stand (unten links). Um ihn herum ist im alten Stil eine neue Platzbebauung entstanden (unten rechts).

P

Café Kling
APOT

Die **Mühlengasse** war vor Jahrhunderten eine der vornehmsten Straßen. Hier wohnte betuchte Kaufmannschaft. Ihr Geist und Geld schlug sich in Häusern nieder, z. B. im Haus »zum Schopp« Ecke Wehrgasse, aber noch mehr in den anschließenden Häusern »zum kleinen« und »zum großen Rosendahl«, die durch kunstvolle Inneneinrichtung brillierten (links). Davon blieb nichts. Auf ihren Parzellen steht eine Textilfabrik (rechts).

Malerisches Motiv für Fotografen und Zeichner war immer schon die Partie **Buttermarkt – Fischmarkt – Lintgasse.** Im alten Zustand hatte sie etwas Ärmliches, Schmuddeliges. Hier gab es Trödelkram und Ware dritter Wahl. Es war ein derbes Viertel nahe dem Stapelhaus und dem Rhein (links). Heute ist nur die Idylle konserviert, teils in historisierenden Fassaden, teils in moderner Abwandlung der alten Giebelstruktur (rechts).

Ein Ausschnitt aus dem Rheinpanorama **»Am Bollwerk«:** die Häuser zwischen Groß-St.-Martin und Große Neugasse mit den kölschen Gaststättennamen »Em Zuckerpuckel« und »Zur Klooch«. Jahrhunderte hatten sie im Gebälk – und herrlich labendes Kölsch Bier im Faß ...

Das Bier ist wiedergekommen, und angedeutet sind auch die Konturen der Vergangenheit, mit kleinen Dächern über schmalbrüstigen Hausgiebeln. Hähnchenbraterei und Rollbahn haben sich aber hinzugesellt als Zeichen der Gegenwart. Ein Umschlagplatz des Tourismus.

Als der **Heumarkt** noch Markt war! – das ist gar nicht so lange her (links). Bis in die dreißiger Jahre erfüllte der Platz seine ursprüngliche Funktion. Zwar teilten schon Bahnen die Fläche in einen südlichen und nördlichen Teil, aber die Fußgänger hatten noch die Übermacht. 1935 schlug eine großtuerische Stadtplanung den Ost-West-Durchbruch, 1939-45 schlug eine großtuerische »Führung« alles in Trümmer (rechts oben).

Wie ein Brachfeld in unheimlichen Landen wirkt dieses Bild vom Südteil des Heumarktes nach der totalen Kriegsverwüstung. Nur der Trinitatis-Turm und die Ruine der Brauerei »Zur Malzmühle« geben vage Anhaltspunkte für die Identifizierung der Örtlichkeit. Hinweggefegt sind die umrainenden Bürgerhäuser, ausgeblasen scheint jedes Leben (rechts oben).

Der Nordteil des Heumarktes war wie der ganze Platz von alten Häuschen eng an eng umstanden (links). Einstige Zierrasen waren dem ungehinderten Fahrgastbetrieb zwischen den Straßenbahnhaltestellen geopfert worden, denn von hier starteten die ins Rechtsrheinische führenden Vorortbahnen. Der sonntägliche Trieb zum Königsforst versammelte Hunderte beim Friedrich-Wilhelm-Denkmal. Abends kam man mit Sonnenbrand zurück.

Zu einer breiten Karstlandschaft durcheinandergebombt lag auch die Nordpartie des Heumarktes bei Kriegsende. Vom stolzen, sieben Meter hohen Friedrich-Wilhelm-Denkmal – 1878 zur Erinnerung an die Einverleibung der Rheinprovinz in den preußischen Staat aufgestellt – ragte makaber nur ein bronzenes Bein gen Himmel (rechts unten).

Nach mehrfachen Operationen nach dem Krieg fand man für den Südteil des Heumarktes diese Lösung (oben): ein ausgeweitetes Verkehrsrondell mit unbetretbaren Rasenflächen! Die kalte Abstraktion eines Platzes. West- und Südwand sind wieder aufgerichtet, die Anzahl der Häuser ist sehr reduziert zugunsten größerer Komplexe. An das alte Milieu erinnert nur noch die Gaststätte »Zur Malzmühle« am Kopfende des Terrains.

Der Nordbereich des Heumarktes (unten) dient heute zunächst dem »ruhenden Verkehr«. Parkende Autos machen ein ungeniertes Bummeln oder gemütliches Sitzen und Stadtgenießen unmöglich. Fußgänger haben hier nur eine bedrängte Zwischenstation auf ihrer »Zebra«-Route von und zur Brücke. Die Häuserkulisse ist dem früheren Gesamteindruck zwar gewaltsam »nachempfunden«, aber unter den Spitzdächern lebt keine echte Tradition.

Das Bild der **Bolzengasse** vom Gürzenich zum Heumarkt wurde malerisch bestimmt durch die beiden Bauten aus dem 16. und 17. Jahrhundert, »Zur breiten Axt« und »Zum großen Kardinal«. Die Kardinalsbüste aus dem 18. Jahrhundert als Firmenzeichen der Tabakfabrik Franz Foveaux schaute auf die Passanten noch bis in die Kriegstage hinab. Die Bomben rasierten dann alles ab; nicht eine Stoppel blieb.

Ganz neu mußte die Bolzengasse gefaßt werden. Die kleine Platzausweitung in der hochgelegenen Partie und der schmale Gang zum Heumarkt blieben als Grundriß. Ähnlich der klaren Form des einstigen mittelalterlichen Wohnkubus entstanden klare Zweckbauten in Klinker und Glas; leider zu wenig bewohnt, um auch außerhalb der Geschäftszeiten kräftiges Leben und Milieu aufkommen zu lassen.

Links: Am **Augustinerplatz** stand Kanzler Bismarck vor dem »Zivilkasino« auf Postament. Die Pipinstraße war eine schmale Furt zu Füßen des Kapitolhügels. Nichts erinnert mehr daran, nur die Straßennamen. Hier war aber schon vor dem Krieg mit unbekümmerter Hand abgeräumt worden.

Rechts: Vom Augustinerplatz führten Blindgasse, Von-Schwartz- und **Cäcilienstraße** am dunklen Ziegelsteinbau der »Fürsorge« vorbei zum Neumarkt. Das Haus der einstigen Armenverwaltung schloß das Terrain des Bürgerhospitals nach Norden ab. Eine Zeitlang war es Stadtsparkasse, zur Hauptsache aber »Wohlfahrt«.

Links: Heute ist der Augustinerplatz ein breites Straßenpflaster, begrenzt von einem Parkhaus. Die Pipinstraße ist eine Rollbahn mit Durchfahrt über Heumarkt und Deutzer Brücke. Etwa wo heute der Bahnkörper beginnt, stand bis zum Ost-West-Durchbruch 1935 das Kasino, ein Haus gepflegter Geselligkeit.

Rechts: Im Bereich des einstigen Bürgerhospitals wachsen heute Kulturbauten empor: Die Volkshochschule steht als optischer Riegel zur Cäcilienstraße, längs der Kunsthalle und Kunstverein placiert sind. Die Reste des Spitals wurden 1965 abgetragen. Die Cäcilienkirche ist Schnütgenmuseum.

Die **Schildergasse** wurde zur großen Stadtroute, als man ihr vor dem 1. Weltkrieg die neugeschlagene Gürzenichstraße anfügte. Seitdem bestand eine gerade Verbindung zwischen Heumarkt und Neumarkt. Das förderte die Geschäftsstraße; bunt kettete sich Laden an Laden, vom wuchtigen Belfried des Polizeipräsidiums überwacht.

Als eine der Herzstraßen der Stadt war die Schildergasse von Bombenschäden nicht verschont geblieben. Mühsam karrten die Kölner mit Loren den Schutt beiseite. In provisorischen Läden begann sich primitiv erstes Geschäftsleben zu regen. Steinig im wahrsten Sinne des Wortes war der Weg in die neue Zivilisation und Kultur.

Arbeitslust und Unternehmungsgeist schufen eine neue Schildergasse – eine moderne Geschäftsstraße mit großen Kaufhäusern und leistungsfähigen Einzelhandelsgeschäften. In Verbindung mit der Hohe Straße ist sie die große Basarroute. 1965 wurde sie als ungestörtes Fußgängerparadies attraktiver Anziehungspunkt der City.

Links: Der **Neumarkt** war schon vor dem letzten Krieg von großen Geschäftshäusern umstellt. Daß auf ihm Paraden abgehalten wurden und eine Kaserne ihn flankierte, liegt »in grauer Vorzeit«, d. h. vor dem ersten Weltkrieg. 1928 entstand an Stelle des alten, mit Efeu bewachsenen Richmodhauses ein neues. Die »Päädsköpp om Nümaat« (Pferdeköpfe auf dem Neumarkt, nach der Richmodissage) guckten wie eh und je herunter.

Rechts: Ein Blick in die **Zeppelinstraße** vom Neumarkt aus ging an mächtigen Bürotrakten vorbei auf das Kaufhaus Carl Peters. Autos aller Entwicklungsstufen rollten hier durch – Kleider aller Moden flanierten über die Trottoirs. Und der Mann am Handkarren rief: »Butterweiche Pfirsiche nur vierzig Pfennige – Madam, e Püngche?« Solche Heimatklänge taten der Großstadt keinen Abbruch, waren vielmehr pikante Würze.

Links: Auch heute gucken die steinernen Pferdeköpfe wieder auf den Neumarkt – aber aus einem neuen Richmodisturm. Der zweite Weltkrieg hatte das Vorgängerhaus wie die ganze Nachbarschaft an den Boden gerissen. Wieder sind mächtige Waren- und Bürohäuser entstanden. Das Stadtbild hat auch hier zu neuem Maß gefunden. Anders als der Heumarkt ist dieser Platz uneingeschränkt für schlendernde Passanten bereit.

Rechts: Zuschnitt und Aufgabe der Zeppelinstraße haben sich nicht gewandelt, obwohl ein verheerender Krieg darüber hinweggegangen ist und nichts geschont hat. Neue Warenhäuser sind emporgewachsen. Neue Moden würzen das Straßenbild – im Schnitt der Automobile und im Schnitt der Kleider. Wenn gestiegener Autoverkehr auch die Obstkarren an geschütztere Plätze verwiesen hat, »Madam, e Püngche?« ist geblieben!

Die »Deepejass« **(Thieboldsgasse)** war immer Inbegriff urkölschen Milieus. Hier lebte Nachbarschaft mit allen Sonnen- und Schattenseiten; da wußte man herzlich zu lachen und sentimental zu weinen. Das Proletariervolk war der keimträchtige Nährboden für beste kölsche Seelen. Viel änderte sich nicht in den drei bis vier Jahrzehnten nach diesem Foto – dann aber im Bombenhagel mit einem Schlag alles, Häuser und Menschen fielen.

Mit dem Griechenmarktviertel ging auch die Thieboldsgasse »zom Truur« (Bild Mitte: Einmündung Neumarkt). Doch suchte man im Wiederaufbau die alten Kräfte hier neu zu binden; freilich in Wohnungen mit dem Komfort unserer Zeit. Es gelang. Das auf so fruchtbare Weise sanierte Viertel ist in der wohnungsscheu gewordenen Innenstadt eine Oase des Lebens. Denn zur Musikbox klingen hier kölsche Tön'.

Et **Kölsch Hännesche** (auch »Städtische Puppenspiele« genannt), spielte vor dem Krieg in der Sternengasse Nr. 10, im Hinterhof des sogenannten Rubenshauses. Hierhin führte für fast alle Kölner die erste heimatkundliche Exkursion – spielend noch, phantasiegeladen, die lokale Umwelt sozusagen mit der Muttermilch des Kasperletheaters in sich aufnehmend. Die Sternengasse lag ja so zentral und war so milieuträchtig.

Die Häuser in der **Sternengasse** waren alte Veteranen. Urkundliche Nachweise im 15. Jahrhundert waren für sie sozusagen an der Hausordnung, wie z. B. beim sogenannten Rubenshaus, das schon 1422 im Besitze der Walrabe erwähnt ist und daher um diese Zeit »Zum Raben« hieß. Erst in jüngster Zeit wurde es Rubenshaus genannt, weil hier der große Maler seine Jugend verlebt haben soll. Mehr als dies war das Hänneschen bekannt.

Die Puppenspiele sind aus der Sternengasse verschwunden und haben ein neues Domizil am Eisenmarkt gefunden, in jenem Rheinviertel zwischen Heumarkt und Groß-St.-Martin, das zwar inselartig dem modernen Verkehr entzogen ist, aber vorerst auch nur inselhaft abgeschieden existiert. Ob den jungen Hänneschenbesuchern die Kulissenkonserve ringsum für ein Altstadtgefühl schon ausreicht, ist offen.

Heute ist die einst bis zum Heumarkt reichende Sternengasse nur eine kurze Stichstraße, die an der nach dem Krieg angelegten Nord-Süd-Fahrt endet. Keins der alten Häuser ist erhalten geblieben. Das neue Fernmeldeamt Cäcilienstraße bildet mit seiner Hinterfront fast eine ganze Seite der Sternengasse; der gläserne Fernmeldeturm steht wie ein Zeigefinger der gewandelten Zeit im Durchblick. In der Sternengasse leuchtet kein Stern mehr.

1590 wurde das Haus Bachem am **Griechenmarkt** erbaut, 1845 durch die Anlage der Bachemstraße zu einem markanten Eckbau erhoben (oben). Als einziges hat es mit seinem doppelten Volutengiebel die für die Nachbarschaft so todbringende Kriegsfurie überstanden. Renoviert bildet es heute den Mittelpunkt einer neuen Bebauung. Das moderne Agrippabad ist architektonischer Kontrapunkt (unten).

Im ehemaligen Alexianerkloster am **Mauritiussteinweg** domizilierten ab 1901 die Kunstgewerbeschule und ab 1925 die Rheinische Musikschule (rechts oben). Im Krieg wurden einige Anbauten total zerstört. Das Hauptgebäude aber richtete man auf der Ruine im alten Stil wieder auf (rechts unten). Es ist Sitz des Kölner Männer-Gesang-Vereins, dessen frühere Heimstatt in der alten Wolkenburg vernichtet ist.

Ein neues Gesicht erhielt die **Schaafenstraße** (linke Seite) durch die Wohnblocks im Rücken der parallellaufenden Hahnenstraße. Vor der Zerstörung war dieser Straßenzug eine Ansammlung unbedeutender Mietshäuser.

Der **Rudolfplatz** am Hahnentor (rechte Seite oben und unten) ist wieder ein belebter Kreuzpunkt der Stadt. Schon ehe am Ende des vorigen Jahrhunderts hier an Stelle der Stadtmauer die Ringstraßen gebaut wurden, hatte dieses westlichste Kölner Stadttor starken Verkehr. Die damals angelegte Platzgestaltung ist auch nach dem zweiten Weltkrieg geblieben – nur glatter, zweckmäßiger, aber von kölscher Menschlichkeit.

Großzügig ist die **Hahnenstraße** (linke Seite unten). Wer kann sich noch vorstellen, daß hier ein Sträßchen verlief, in dem gerade die Bahn Platz hatte? Architekt Riphahn prägte diesen neuen Boulevard.

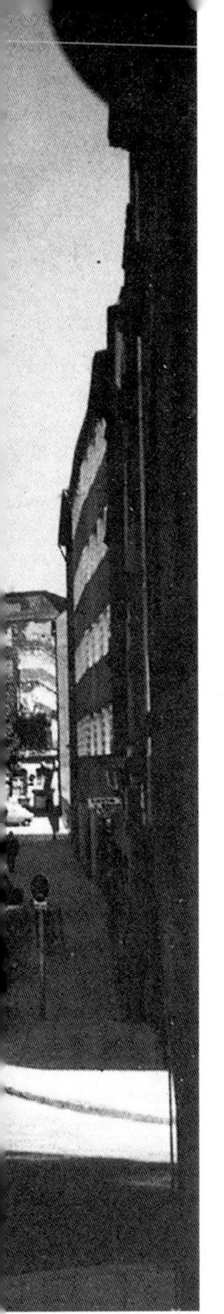

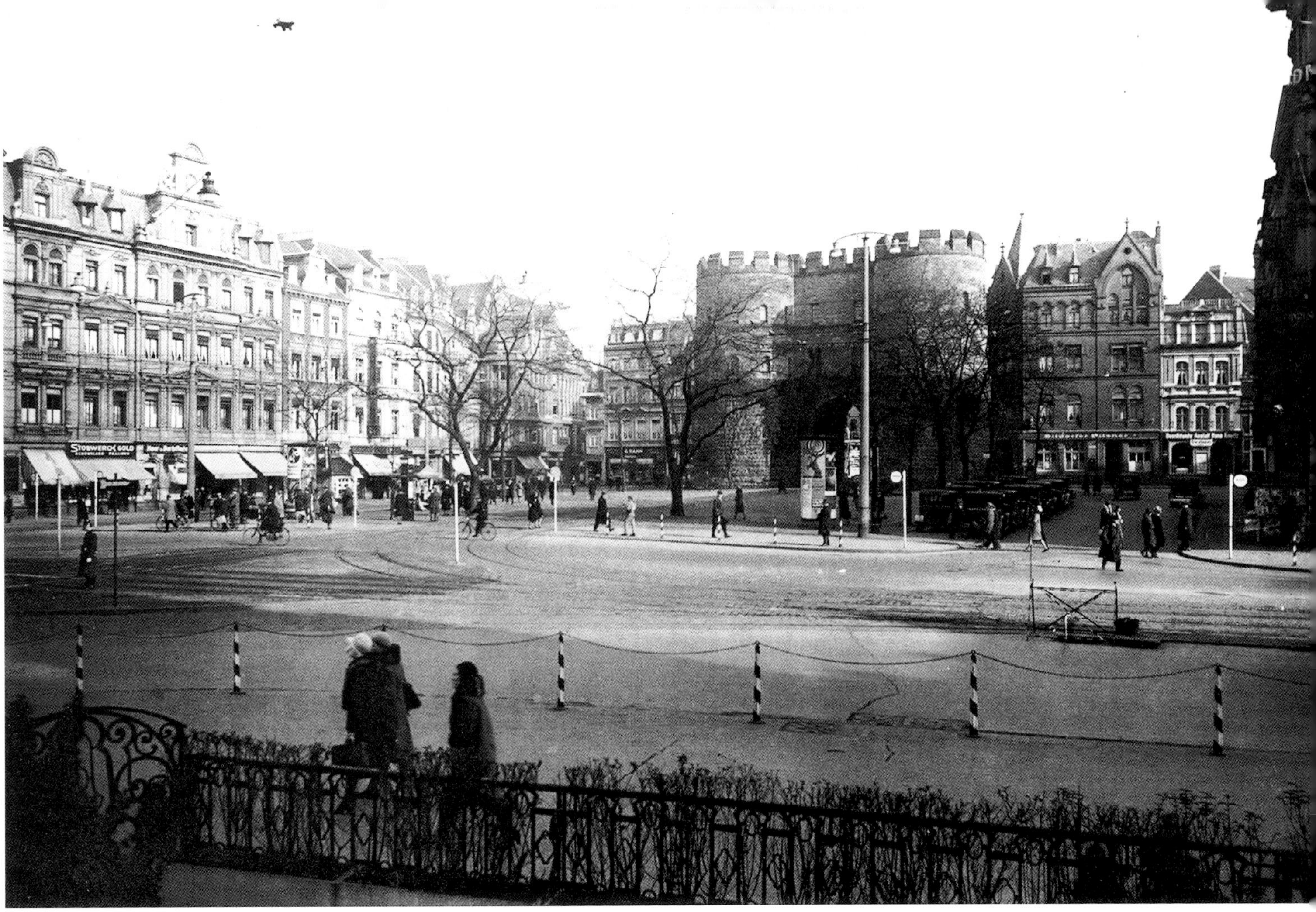

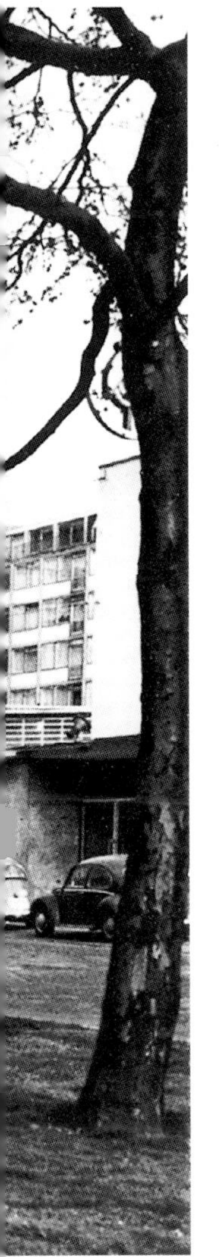

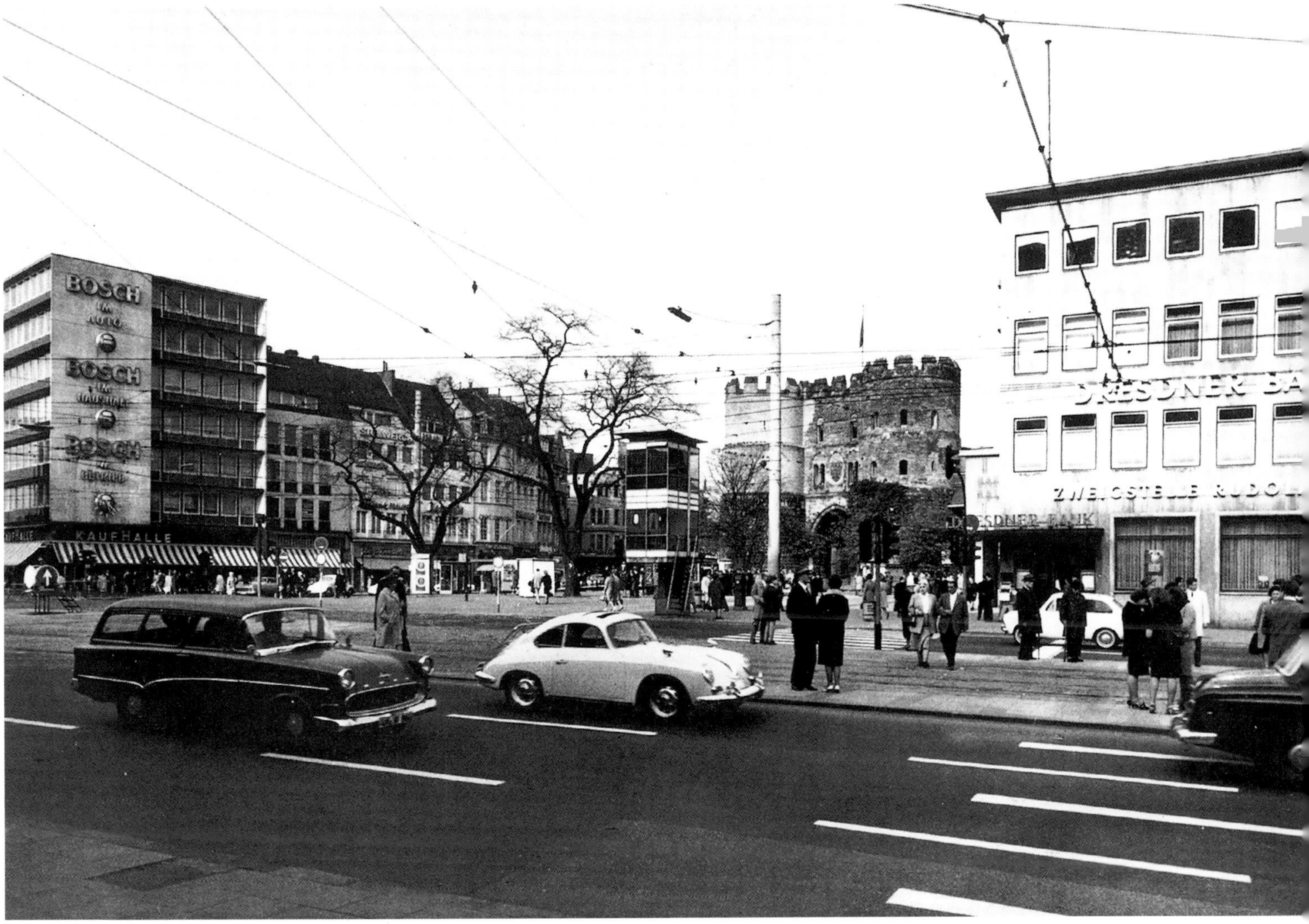
BOSCH
BOSCH
BOSCH
KAUFHALLE
DRESDNER BA
ZWEIGSTELLE RUDOL
DRESDNER-BANK

Wo sich bis zum letzten Krieg das Opernhaus am **Rudolfplatz, Ecke Habsburger Ring** und Aachener Straße, befand, erhebt sich der eindrucksvolle Verwaltungsbau einer Versicherung. Die einstige neubarocke Schwulstigkeit ist abgelöst von glasklarer Zweckmäßigkeit in natürlicher Harmonie. Gleichzeitig erfüllt dieser Riegelbau stadtgestalterische Funktion als Platzwand und Dominante.

Ford
MALETZ
Ford
MALETZ
TONIC WATER
vis-à-vis

Die Ringe sind im westlichen Teil weltstädtischer Boulevard. Der **Hohenzollernring** wurde Flanier- und Einkaufsroute. Das »Café Wien« war einer der geselligen Anziehungspunkte. Die Straßenbahnlinien »16« und »18« gehörten zum rollenden Bestand des Straßenbildes – bis alles zur Schauerkulisse zusammensank (Bild links unten die Stelle des alten Café Wien!).

Heute fährt die »16« wieder über die Ringe, aber nur wenige alte Häuser sind stehengeblieben. Man wertet sie, da sie Seltenheitswert bekommen haben, trotz ihrer unsinnigen Türmchen, Erker, Säulchen, Pilaster und Ornamente wehmütig wie Antiquitäten, welche die unverspielte Modernität des neuen Straßenbildes um so mehr unterstreichen.

Daß der **Barbarossaplatz** einmal ein beschauliches Blumen- und Springbrunnenrondell gewesen ist (links oben), läßt seine heutige Anlage (rechts) nicht mehr erkennen. Auch daß der »Feurige Elias« noch bis in die dreißiger Jahre an der Luxemburger Straße im 15-km-Tempo zur Vorgebirgsstrecke abdampfte (links unten), scheint weit zurückzuliegen. Der Bahnhof am Hochhaus ist uns selbstverständlich.

Wo sich das **Hohenstaufenbad** im Renaissancestil erhob (oben), bis es der Krieg nach 60jährigem Bestehen zerschlug, steht jetzt ein Glaskasten mit Büros (unten). Die Mittelpromenade auf dem Ring ist lange schon dem Bahnkörper gewichen. Über die Fahrwege trappen nicht mehr Pferdehufe, sondern radieren Autoreifen. Wer weiß noch, daß in der Badstraße Arbeitslosenkolonnen zum »Stempeln« anstanden, um Unterstützung zu holen?

Bäume zaubern die alte Idylle bei der **Ulrepforte** auf dem Sachsenring. Zwischen ihren Ästen aber läßt sich der Wandel erkennen: auf zusammengebombtem Brachfeld entstanden neue Häuser. Ihr einfacher Stil verrät die vereinfachende Zeit. Im renovierten Ulreturm haben die Roten Funken ihr Kasino – eine Parodie auf die »kleinen Verhältnisse« in der Ära der Stadtmauer und der Stadtsoldaten. Spaß oder Wehmut?

Der **Blaubach** war auch zur Pickelhaubenzeit schon eine prachtbreite Verkehrsstraße. Die Nachfolger der alten Blaufärber hatten wie ihre Nachbarn am Rothgerber- und am Mühlenbach »staatse« Häuser entweder fortgeführt oder neu gebaut – es war ein buntes Gemisch an Stilen: von der Zünfte Tage bis zur Gründerzeit. Über allem seit tausend Jahren die Türme von St. Pantaleon.

Die dem Verlauf des Duffesbaches nachgezogene Schlangenlinie haben die »Bäche« auch heute wieder. Doch sind sie noch offener, breiter, luftiger angelegt worden. Jetzt überwiegen an Blaubach und Rothgerberbach die mächtigen Verwaltungsbauten, die flachen Kästen mit den Rastergiebeln. Hier ist eine der neuen Durchgangsrouten des Fernverkehrs. Über allem wie immer St. Pantaleon.

Kein Haus blieb. Steine fielen bunt durcheinander, und Eisenträger ragten makaber gen Himmel, von wo die todbringenden Sprengkörper gekommen waren. Der Schicksalsspruch für Mensch und Werk hieß Tod. Die »Bäche« waren eine ausgemerzte Straße, eine von Trümmern übersäte und flankierte Pflasterbahn, trostlos. Über allem — wenn auch selbst lädiert — die Türme von St. Pantaleon.

Ecke Waidmarkt-Blaubach stand seit 1876 der unkölsch-klotzige Gründerzeitbau »Zur guten Quelle« – ein Kaufhaus, das der lebenden Generation nur noch als Restauration mit dem Titel »Handelshof« bekannt ist (oben). Der Krieg machte ihn wie die Umgebung dem Erdboden gleich. An seiner Stelle entstand der Hochbau für das Polizeipräsidium, als sauberer Kontrast zu St.-Georg (rechte Seite).

Die **Hohe Pforte** ist der Anweg zur Hohe Straße. Früher ließ die Knappheit der Bauparzelle ein Haus wie ein »schmales Handtuch« im Raume stehen (linkes Bild), später bewirkten rasierende Bomben und knappes Geld ein ähnliches Bild auf der Straßenecke gegenüber (rechtes Bild). Zwanzig Jahre nach Kriegsende sind noch nicht alle Wunden geheilt, doch recken sich vielfach die Baugerüste.

CINZANO
CINZANO
CINZANO

Die schmale, alte **Severinstraße** wurde nicht überall aus den Fugen gebombt. Sie kann sich in ihrem typischen Teil beim Severinstor im beinahe herkömmlichen Bilde darbieten. Auch das »Haus Balchem« mit Kölscher Wirtschaft ist wieder da; außen und innen wird ans ganz alte Köln erinnert, eine seltene Möglichkeit (links und rechts).

Der nördliche Teil der Severinstraße wurde stark dezimiert. Dabei gingen auch die kunsthistorisch bedeutenden Häuser Nr. 218 (Monschau'sches Rokokohaus von 1769, unten links); und Nr. 214 (Fuchs'sches Haus, ebenfalls von 1796) verloren. Auf den zusammengefaßten Parzellen baute eine Versicherung im heutigen Stil (unten rechts).

Am **Mühlenbach** stand unter den Nummern 8 bis 16 diese einheitlich wirkende Häusergruppe aus dem 17. und 18. Jahrhundert. Sie erinnert an die Zeiten gediegener und kultivierter Lebensweise einer in Zunftordnung gefestigten, doch kaufmännisch beweglichen Stadt. Die Erfordernisse der Großstadt fanden hier nur unter Zuhilfenahme enger Hinterhöfe Platz (rechts).

Auch die neue Front am Mühlenbach wirkt einheitlich (rechts) – indessen ohne die prägenden Nuancen der Individualität, die man früher hier gewohnt war. Die heutigen Bauten, wie aus dem Wohnhauskatalog, setzen zwar Straßenfronten, aber kein Straßenbild. Mit ihren Häusern bleiben die Bewohner anonym. Platz und Komfort allein reichen nicht zum Stadtcharakter.

Im **Filzengraben** existierten von den säulengestützten Überbauhäusern bereits vor dem Krieg nur noch wenige, darunter der Eckbau zu »Auf Rheinberg« mit dem »Weinhaus Duhr«. Er hat als einziges Zeugnis dieser Kölner Bauart die Zeit überstanden, doch steht er trist und ungenutzt. Vollständig verschwunden ist das Faßbinderzunfthaus aus dem 16. Jahrhundert (oben links).

Das weißgetünchte Haus mit dem Mansardendach an der **Rheinuferstraße** nahe St. Maria Lyskirchen ist über der alten Stadtmauer errichtet. Wo daneben das Rheingassentor stand, ist ein Platz ausgespart, der bis zum Kriege den Blick auf das über 300 Jahre alte doppelspitzgiebelige »Gasthaus Coblenz« freigab (oben). Auf seinen Trümmern wurde ein Ziegel-Neubau erstellt (unten).

Zum Schänzge
Zum Schänzge
DORTMUNDER BIER

HOTEL
HAUS LYSKIRCHEN
WICKÜLER

Die Uferhäuser **»Am Leystapel«,** also oberhalb der Hängebrücke, hatten meist mit der Schiffahrt zu tun. Zwar nicht mehr in der Art wie vor Einführung der Eisenbahn, da das Rheinufer hier ein »Hauptbahnhof der Flußfahrt« war, mit Hotels gleich an den Landestegen. Aber die Verwaltungen der Schiffahrtsgesellschaften brauchten Kontore. Und die Matrosen brauchten Schenken — damals wie heute.

Links: Das **Kaiser-Friedrich-Ufer** ist so schattig wie eh. Die abweisende Steinmauer hat einem durchsichtigen Gitter Platz gemacht, damit auch der Autofahrer den Strom sehen kann. Der Tiefweg am Wasser wurde zur Fußgängerpromenade. Die Spitztürme der Kunibertskirche sind nicht wiedergekommen – sonst sieht alles wie früher aus (unten).

Rechts: Ähnlich wie die Severinstraße blieb auch der **Eigelstein** in seiner Torpartie dem alten Zuschnitt nah (obere Reihe). Viele Fassaden haben gewechselt, aber Enge, Leben und Milieu sind geblieben. Nur in dem der Innenstadt zugewandten Bereich ist die frühere geschlossene Ordnung des Eigelsteins noch nicht wiedergekehrt (untere Reihe).

BP
Kaufhof

EIS
OPTIKER
RADIO SIMONS
Cafe
K-TK 371
K-HA 957

APOTHEKE
OEFEN

UHREN
LENNARTZ
EIS
RO CN 864

Links: Vor der **Hauptpost** hatte einmal ein Ziergarten Platz. Er strahlte Ruhe bis in die nahen Bankhäuser. Das war, als den Fußgängern noch Zeit zum Genießen blieb – vor Krieg, Inflation und Krieg (oben). Die Banken und die Fußgänger haben die Zeiten sich ändern und die Blumen samt den Häusern fallen sehen. Es ist alles nüchterner – Architektur und Straße, vielleicht auch die Bankgeschäfte (unten)!

Rechts: Die von der einstigen St.-Maria-Ablaß-Pfarrkirche übriggebliebene Seitenkapelle stand eine Zeitlang wie großmächtig an einem freien Platze (oben). Heute ist das **Maria-Ablaß-Kapellchen** eingefaßt und überragt von der Industrie- und Handelskammer, von einem Versicherungs- und von einem Zeitungsbau – ein stilles Inselchen des Ewigen in der geschäftigen Flüchtigkeit (unten).

CONCORDIA

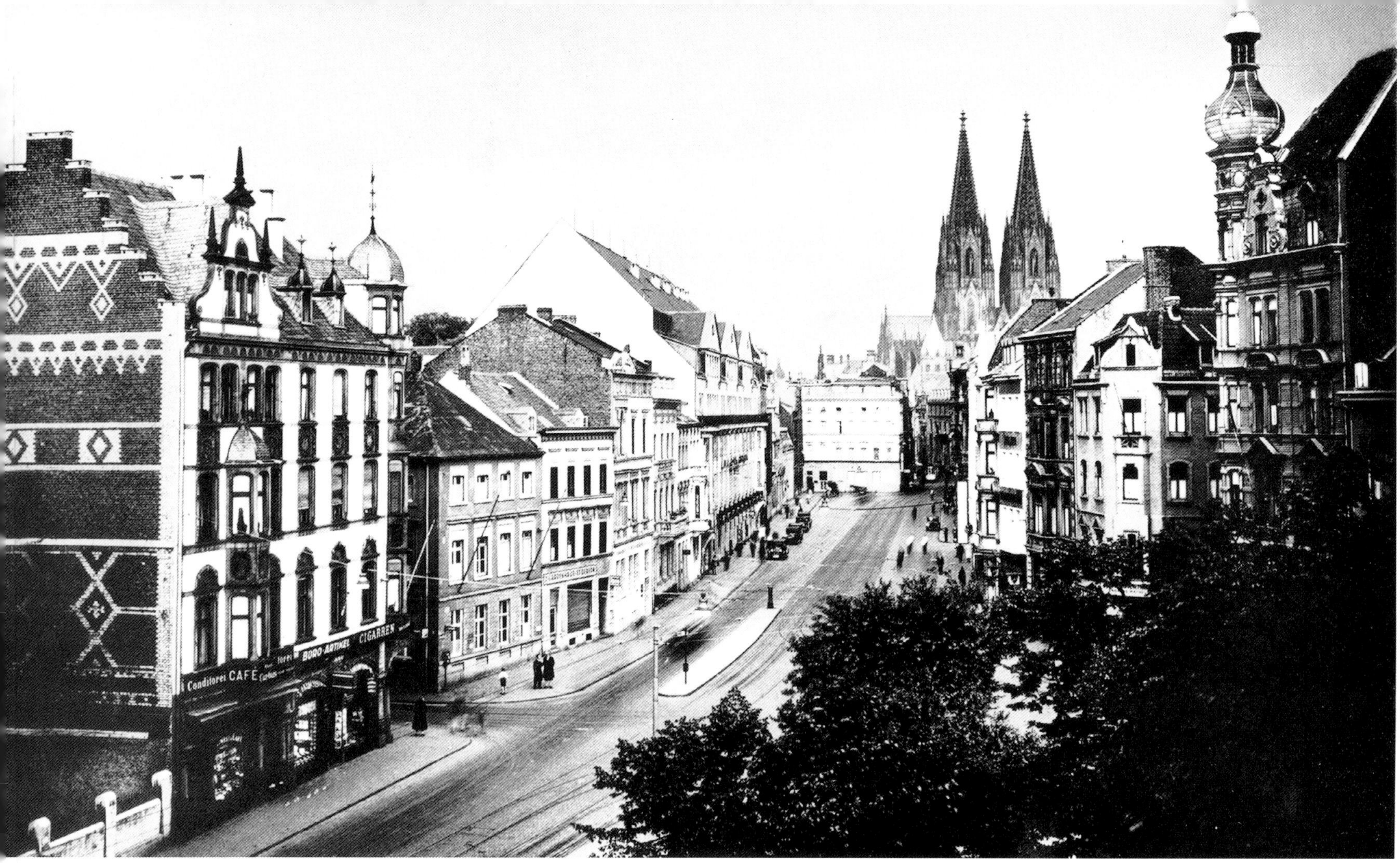
Conditorei CAFE
BÜRO-ARTIKEL
CIGARREN

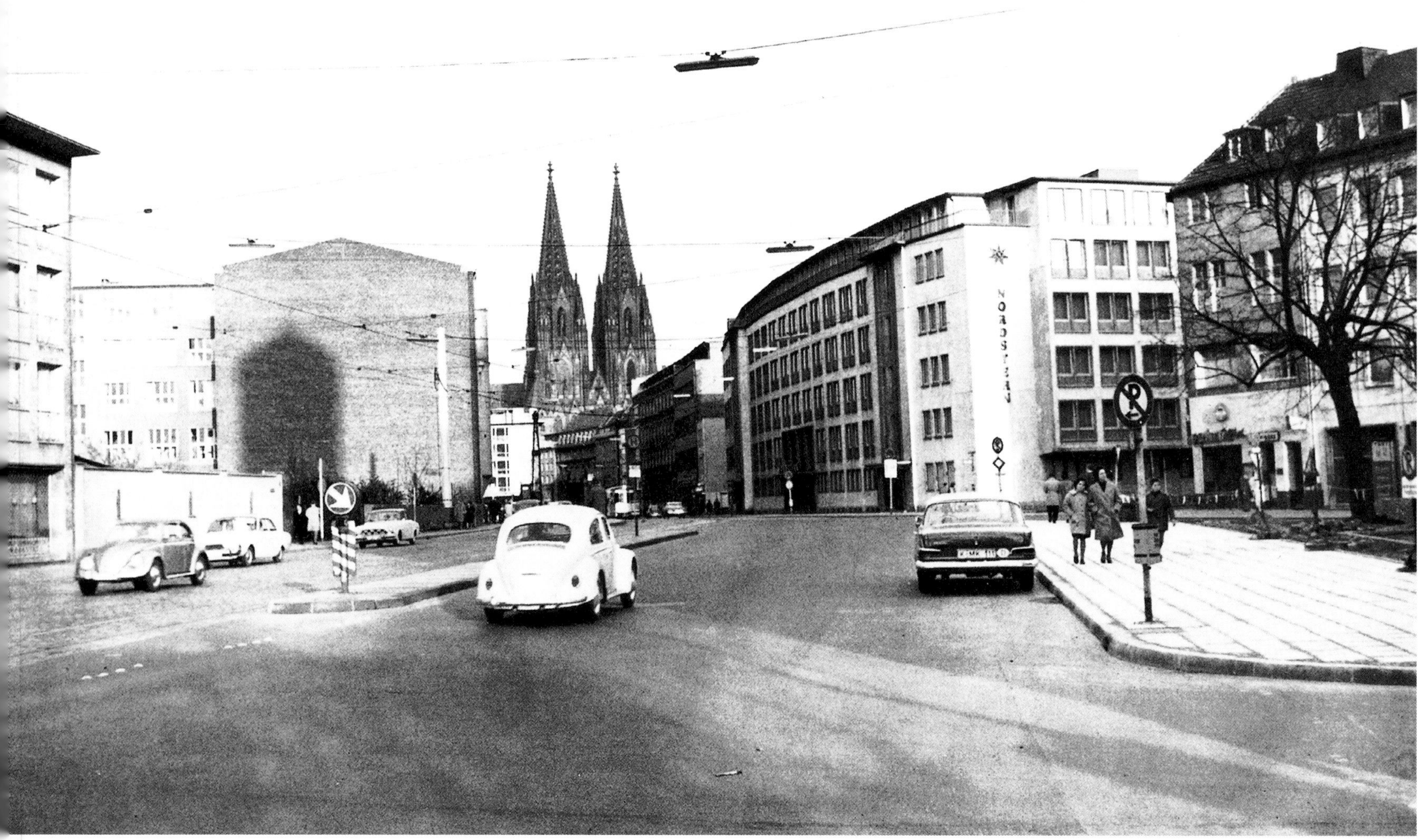
NORDSTERN

Was die Türme von St. Gereon gesehen haben zwischen sich und dem Dom, läßt die Gegenüberstellung dieser Bilder nur schwach erahnen. Durch Bomben in züngelnde Lohe versetzt, leuchtete das Dekagon der Kirche (rechts) dem Vernichtungswerk die **Gereonstraße** (linke Seite) entlang und sah sie in Asche sinken. Mächtige Bauten sind seitdem wiedererstanden. Noch aber ist die Bresche nicht ganz ausgefüllt.

Wie lag Köln danieder! Eine Wüstenei, in der keine Hoffnung zu wurzeln schien; ein Riesenschuttberg menschlicher Vergänglichkeit und ausgerotteter Lebenskultur. Eine auf den ersten Blick tote, verlorene, der sagenhaften Vergangenheit überantwortete Stadt; jeden Wiederaufbaugedanken als vermessen höhnend. Ein Chaos, dem ewigen Untergang gleich. Drunter das kölnische Herz, und darüber der weisende Dom.

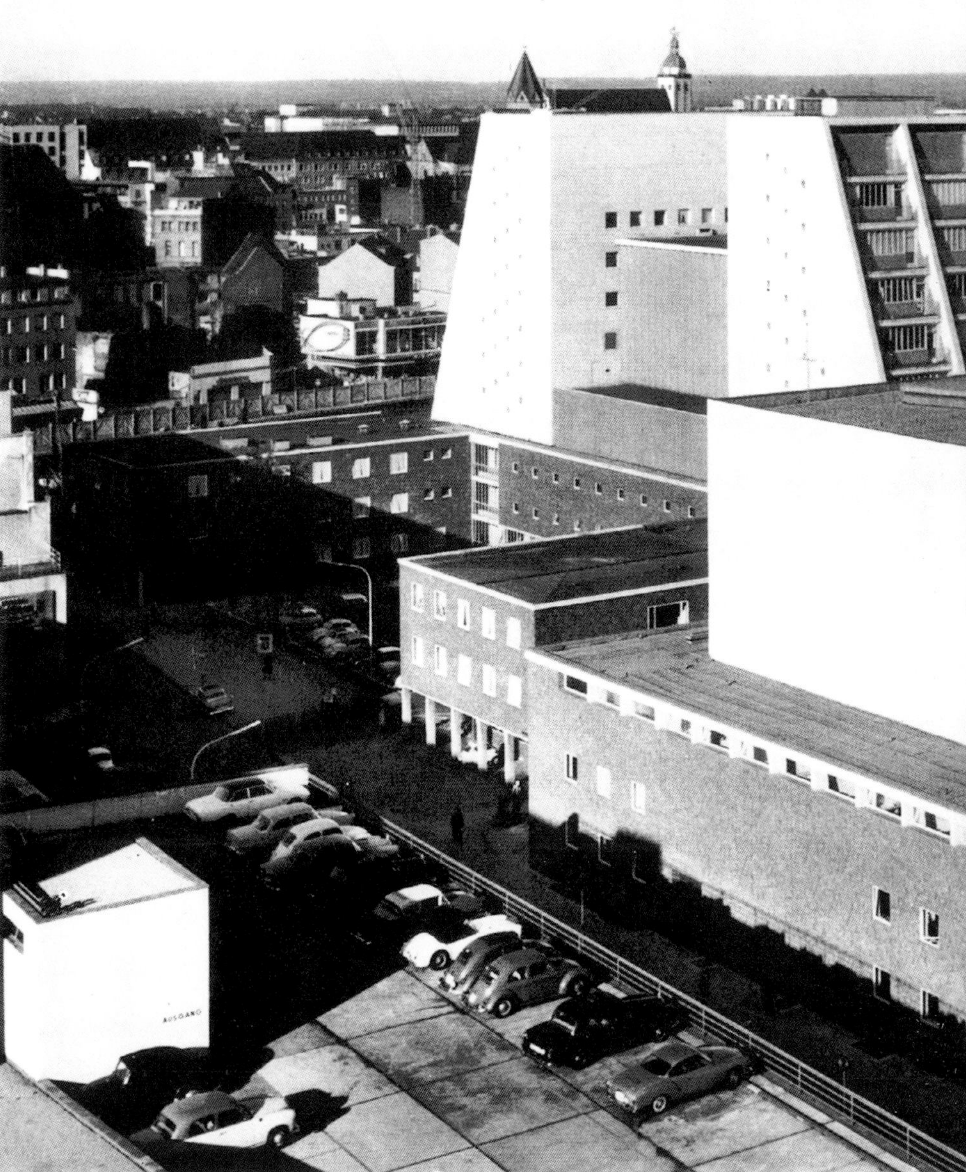

Wie aber hat Köln sich gefunden, sich erhoben, sich eingerichtet und verschönt! — ist eine neue Stadt geworden und doch die alte geblieben; hat die Not der Trümmer in die Tugend der Neugestaltung gewandelt. Hat gesiegt über den Tod. Ist zu neuer Blüte gewachsen und hat einen weiteren Lebensring der Reife seinen zweitausend Jahren hinzugefügt. Darinnen das kölnische Herz, und darüber der weisende Dom . . .

Bildnachweis:
Rheinisches Bildarchiv 99; Dieter Maguhn 83; Hermann Claasen 13; Ruth Lauterbach 4; C. Hartzenbusch 4; Walter Dick 3; Hugo Schmölz 3; Walter Moog 2; Städtischer Konservator Köln 2; Peter Fischer 1; Sigurd Greven 1 Verkehrsamt der Stadt Köln 1. — Luftaufnahmen freigegeben vom Regierungspräsidenten Düsseldorf Nr. 19/19/1609 und 19/19/1611.

ZUMUTUNG ODER HEIMAT?

„Alle aber werden einhellig bewundern, wie aus Schutt und Asche von gestern das Köln der Vergangenheit in die Zukunft weiterlebt. Ein imponierendes Phänomen."

Mit diesem Satz schließt Peter Fuchs die Einleitung, die er unter der schönen Überschrift „Das Bild der Stadt" seinem Fotoband „KÖLN damals gestern heute" vorangestellt hat. Es ist ein kluger, leidenschaftlicher Text, der sich in ebenso freier wie exzellent informierter Weise mit allen Aspekten des Wiederaufbaus von Köln auseinandersetzt.

1965 herrschte noch Aufbruchstimmung. Man betrachtete die Ergebnisse der Wiederaufbauleistung, gerade auch in ihrer kulturellen Dimension, mit Stolz: „Der Vergleich der Bilder in diesem Buche wird zum Urteil führen. Meins lautet: Köln, eine neue Stadt mit altem Geist – eine alte Stadt mit neuem Geist!"

Ein begeistertes Lob auf die Improvisation, auf den Wiederaufbau vorhandener Stadtstrukturen mit ihren authentischen Grundrissmustern in einer neuen Ausprägung, die den Anforderungen der Gegenwart gerecht wird.

Das ist es also, was diese starken Bildfolgen uns vermitteln wollen: Das Alte lebt in neuer Form weiter, befreit von den Zwängen und dem Muff der Vergangenheit, sozusagen in „neuem Geist". Eine eigentlich gute Idee, die auch die Architekten und Stadtplaner des Kölner Wiederaufbaus verinnerlicht und vehement vertreten hatten.

Rudolf Schwarz entwarf als leitender Architekt der Wiederaufbaugesellschaft den berühmten Gesamtplan, der auf der Grundlage bestehender Strukturen die „Kirchspiele", also die Viertel um die jeweiligen großen Kirchen, herausarbeitete.

Von Rudolf Schwarz stammen bedeutende Bauwerke. Er hat zusammen mit Karl Band (und dessen jungem Büroleiter Hans Schilling) den Kölner Gürzenich in ganz neuer Form wieder aufgebaut. Auch das Wallraf-Richartz-Museum (heute Museum für Angewandte Kunst MAK) wurde von Rudolf Schwarz entworfen. Hier zeugt die raffinierte Giebelgestaltung und Pfeilerstellung von dem Bestreben, großmaßstäbliche Bauten in das kleinteilige Gefüge einzubinden, ohne auf wahre Größe zu verzichten. Ein beeindruckendes Bauwerk auch im Inneren.
Auch Wilhelm Riphahn versuchte, großzügige, dem modernen Städtebau verpflichtete Strukturen mit dem kleinteiligen Stadtgefüge zu verzahnen, wie man es beispielsweise in der Hahnenstraße oder am Offenbachplatz betrachten kann. Riphahns Opernhaus gehört immer noch zu den wichtigen, Identität stiftenden Gebäuden der Stadt.
Wilhelm Koep schuf, unter Verwendung von viel Messing, eine Architektur des Feinsinns im Geiste des Wirtschaftswunders, beispielsweise in dem seinerzeit als „Tosca-Puff" verunglimpften, raffiniert beleuchteten „Blaugoldhaus" für die Firma 4711 am Dom (1952).
Karl Band erstellte eine Reihe wunderbarer, teilweise unscheinbar einfacher Bauten von hoher Qualität und Ausstrahlung. Eines seiner schönsten Gebäude ist sein ehemaliges eigenes Büro neben St. Kunibert (1950–51), eines seiner spektakulärsten und am meisten ausgefeilten das Haus Wefers in der Komödienstraße (1956).
Fritz Schaller, ein ebenso mutiger wie sensibler Baumeister, wurde durch Rudolf Schwarz aus dem preußischen Berlin, wo er „Regierungsbaumeister" war, in die „Wiederaufbaugesellschaft" im rheinischen Köln gelockt. Er schuf ausdrucksstarke Bauten mit ornamental eingesetzten Betonkonstruktionen, wie beispielsweise das Bankgebäude gegenüber dem Dom (1951–53), in dem heute das Domforum hinter großzügiger rautenförmiger Verglasung beheimatet ist. Auch die schöne Aussegnungskirche auf dem Friedhof Melaten (1957) stammt von Fritz Schaller. In späteren Jahren entwarf er den nördlichen Teil der – durchaus umstrittenen – „Domplatte" (1968–72), die den Bahnhofsplatz über Treppenanlagen mit dem Domhügel verband.
Gottfried Böhm, eine Ausnahmeerscheinung aufgrund der expressiven und atmosphärischen Kraft seiner Raumschöpfungen, entwarf unter vielen anderen Bauten die atemberaubend schöne Kapelle „Maria in den Trümmern" in den Ruinen der ehemaligen Kolumbakirche (1947–50). Es war sein erster eigenständiger Bau. Die kleine Kapelle ist heute baulich in das Museum Kolumba integriert worden, der riesige, wirklich beeindruckende Museumsbau von Peter Zumthor lastet gleichsam auf ihr. Sie trägt es mit Leichtigkeit und gewinnt noch an Größe – ein Andachtsraum für die Opfer der Zerstörung Kölns, dessen transzendenter Kraft sich niemand entziehen kann.

Oswald Matthias Ungers schuf als junger Architekt skulpturale Bauten, wie beispielsweise sein weithin beachtetes eigenes Büro- und Wohnhaus in der Belvederestraße (1959) oder das Wohnhaus am Hansaring 25 (1967). Eine Berufung an die Universität führte ihn 1964 nach Berlin, 1967 für ein Jahrzehnt in die USA, wo er an verschiedenen Hochschulen lehrte (u. a. Harvard), und anschließend wieder nach Köln, wo er in hohem Alter den kraftvollen Neubau des Wallraf-Richartz-Museums neben dem Rathaus erstellte.
Hans Schilling baute unabhängige und gekonnte architektonische Statements. Seine Kunst, die Situation oder das Programm zu nutzen, um daraus Neues zu entwickeln, zeigt sich in vielen Bauwerken. Sein eigenes Wohnhaus am Gereonswall, 1949 an die mittelalterliche Stadtmauer gebaut, ist von einer raffinierten Logik und Einfachheit. Die Kirche Neu St. Alban im Stadtgarten (1957–59), erstellt aus Trümmerziegeln, bildet mit ihren steil aufragenden Wänden, ihrem atmosphärisch starken Innenraum und einer völlig neuen liturgischen Konzeption ein Statement für einen Neubeginn. Das markante Eckgebäude für VW am Hohenzollernring mit seiner weit auskragenden Dachplatte und der revolutionär offenen Schaufensteranlage, die Handwerkskammer am Heumarkt, die Rheinterrassen, viele Wohngebäude, aber auch die Werkstatthallen für VW in Braunsfeld zeugen von einer neuen Unabhängigkeit, die auf die alte Umgebung Rücksicht nimmt.
Dies sind nur einige der vielen Architekten, die in den Wiederaufbaujahren Bauten von prägnanter Qualität geschaffen haben. Eine Reihe dieser Baumeister hat übrigens im katholischen Köln wichtige kirchliche Bauwerke von teilweise höchster Qualität realisiert.
Es gab auch die andere Seite: die Positionen derer, die sehr deutlich auf den formalen Ideen und Vorgaben der vierziger Jahre aufbauten. Sie konnten es vielleicht nicht anders, waren geprägt, vorsichtig oder einfach nur geschäftstüchtig. Die Bauten des Gerling-Konzerns (Kurt Groote, Karl Piepenburg, Helmut Hentrich, Hans Heuser, Bildhauer: Arno Breker) sind ein Zeugnis dieser Haltung, in diesem Fall von hoher Qualität. Es gibt aber auch eine große Zahl mittelmäßiger Gebäude, die dem Versuch verhaftet sind, die Architektur des „Dritten Reichs“ irgendwie weiterzuführen. In den Baubehörden saßen, wie Hans Schilling berichtete, ja teilweise immer noch die alten Leute, denen die internationale Moderne verhasst war.
Der „neue Geist“ der Nachkriegszeit gehört heute auf den Prüfstand. Vieles wurde inzwischen einfach wieder abgerissen, vieles, als Denkmal deklariert, unter mehr oder weniger sicheren Schutz gestellt. Und es wurde und wird laufend kräftig weitergeschraubt an der alten Karosse Köln. Auch heute entstehen ja laufend unzählige neue kleine und große Projekte, die den Charakter der Stadt immer noch weiter verändern, erweitern und ergänzen. Das Phänomen "Stadt" ist schließlich nicht statisch, es trägt den ständigen Wandel in sich.

Wie sieht „das Bild der Stadt“ heute aus? Auf den ersten Blick scheint diese Stadt kein System, nichts Bindendes zu haben. Bis auf den grandiosen Dom in der Mitte, allerdings mit einer stellenweise desolaten Umgebung. Oder die Ringe in weitem Abstand, die in großen Teilen derzeit einen eher derangierten Eindruck machen. Das Rheinpanorama ist aus der Ferne immer noch grandios, der Kranz romanischer Kirchen aus der Nähe immer noch beeindruckend; aber viele Plätze sind nur noch als Fragmente erkennbar, viele Gassen zu Verkehrsschneisen aufgeweitet. Die in den zwanziger und fünfziger Jahren für Köln bedeutenden Messehallen wurden inzwischen mit Büroetagen ausgebaut und durch Standardbuden in irrer Konstellation ersetzt.

Im Kleinen geht es weiter: jede Restfläche, jeder Quartiersplatz zugestellt mit Müllcontainern, Schilderwäldern, Abgrenzungen, abgründig gestalteten Bahnhaltestellen. Flächendeckend immer wieder neue gigantische Werbeanlagen, Elektrokästen und Leuchtreklamen mitten auf Plätzen und Gehwegen. Ungepflegtes Gebüsch allenthalben. Überall Schlaglöcher und schäbig zuasphaltierte Flickstellen im ehemals schönen Pflasterbelag. Selbst in schönen Parkanlagen stehen neuerdings riesige, schäbige Werbeschilder herum.

Die Neustadt ist zwar als Wohnort sehr beliebt, aber im Detail oft lieblos behandelt. Der Brüsseler Platz beispielsweise ist mit einer Art Panzersperrensystem komplett zugebaut, Barbarossaplatz oder Ebertplatz sehen aus wie verlorene Peripherie.

Es ist nicht ganz einfach, Besuchern heute zu erklären, warum Köln so aussieht: an jeder Ecke eine andere Idee von Stadt. Bald kuschelig eng, bald zugig offen, bald vertikal, bald horizontal, bald spießig, bald urban. Gleichgültig, wo man gerade ist: Man biegt um die nächste Ecke und alles ist wieder anders. Jede Menge Highlights zwar, aber auch jede Menge blöde Ecken. Alles anscheinend nach dem Zufallsprinzip über die Fläche verteilt. Das kann man durchaus auch als interessant empfinden, denn die Stadt wurde ja tatsächlich im wahrsten Sinne des Wortes wieder zusammengeflickt, je nach Gelegenheit mehr oder weniger gekonnt. Improvisation und Flexibilität allenthalben, stellenweise auch grandios vorgetragen.

Das faszinierende Buch von Peter Fuchs macht vieles verständlich. Es erzählt Geschichten, die sehr eingängig sind, Bilderfolgen, die „das Bild der Stadt“ erklären. Ein Stadtbild hat ja auch mit Lesbarkeit zu tun. Man kann im ständigen Rauschen dessen, was man als Stadtmensch alltäglich wahrnimmt, Strukturen ablesen, sichtbare, wenn auch oft kryptische Zeichen der gesellschaftlichen, kulturellen und materiellen Substanz und Begründung dieser hoch artifiziellen Umgebung. Das geschieht eher unbewusst, ja instinktiv. Das städtische Umfeld, auf das man mit den eigenen Lebenszusammenhängen angewiesen ist, wird ständig auf diese Weise analysiert.

Die Abhängigkeit von der Stadt als Lebensumfeld ist keine, auf die der Einzelne sich ganz freiwillig einlässt. Sie wird den Bewohnern pauschal zugemutet. Die sozialen, funktionalen, wirtschaftlichen und kulturellen Bedingungen der Stadt stellen für jeden immer wieder aufs Neue eine existentielle Herausforderung dar.

Der faktischen Wehrlosigkeit des Städters angesichts der auf ihn einwirkenden Sinneseindrücke und Sachzwänge steht seine individuelle Wahrnehmung gegenüber, die oft eher durch schicksalhafte Gegebenheiten geprägt ist. Dazu zählen soziale Bindungen, Interessen, persönliche Veranlagungen und Zuneigungen, aber auch wirtschaftliche Bedingungen oder kulturelle Sinngebungen. Die individuelle Wahrnehmung von Stadt ist daher ausgesprochen selektiv, bruchstückhaft und subjektiv.

Erst die Identität einer Stadt, die Geschichte, die sie erzählt, ermöglicht die Einordnung der vielen unbewussten und ungeordneten Wahrnehmungen. Die Erkennbarkeit von Sinnzusammenhängen bewirkt die Einbindung in die große abstrakte Gemeinschaft der Stadtbewohner, die zum Vorteil jedes Einzelnen da sein soll. Je mehr eine Stadt übrigens den Bewohnern Chancen bietet, sich möglichst frei zu entfalten, desto mehr entspricht sie ihrer einzig legitimen Idee, nämlich dem allgemeinen Wohl zu dienen.

Wie kann eine Stadt als künstliche Lebenswelt also Heimat bedeuten und nicht nur Zumutung? Durch eine starke, lebensnahe, vielschichtige, lesbare Identität. Diese Identität muss authentisch sein. Sie muss sich aus den tatsächlichen Gegebenheiten entwickeln und kann nicht erfunden werden. Voraussetzung ist natürlich, dass die Stadt als komplexes Gebilde gut funktioniert, da es sonst keinen Grund gäbe, sie zu bevölkern. Dass sie beides, Identität und Funktionalität, zusammenführt, ist das Merkmal für eine gute Stadt.

Historische Städte haben beispielsweise immer ein hohes Identitätspotential, da die Spuren der Vergangenheit nicht in Frage gestellt werden können. Es sind immer die Spuren des tatsächlich Gewesenen, die als reale Zeugnisse von gesellschaftlicher und materieller Realität nicht diskutiert werden. Aber tragen historische Städte nicht auch immer die Gefahr der Transformation ins Museale in sich, das zu unserer heutigen Existenz keine direkte Beziehung mehr hat und daher ausgehöhlt wirkt? Dieses Problem hat Köln immerhin nicht. Die historische Stadt wurde bei den Bombenangriffen 1945 völlig zerstört. Aber welchen Grund gab es, sie wieder zu bevölkern, sie wieder aufzubauen? Waren es die Straßen, die Kanäle, die vorhandenen Versorgungsstränge, die Eigentumsverhältnisse?

Es war vielleicht die Identität. Aber was macht diese Identität aus? Ist es der Dom? Der kann es ja wohl nicht allein schaffen. Ist es das „Bild der Stadt"? Was aber ist das Stadtbild wert, ohne die Menschen, die in der Stadt leben? Es waren die persönlichen Erinnerungen, Sehnsüchte und Bindungen, die sozialen Netze, an welche die Menschen wieder anknüpfen wollten, die sie in diese zerstörte Stadt, an genau diesen Ort, wieder zurückkehren ließen.

Der überlieferte Stadtgrundriss wurde nach den Zerstörungen des Zweiten Weltkriegs mehr oder weniger opportunistisch übernommen und neu gefüllt. Das Erstaunliche ist nur: Die Kultur der situativen Reaktion prägt auch heute noch das Denken und Handeln der Kölner, wenn es um das Stadtbild geht. Man baut irgendwie entlang den jeweils sich bietenden Gegebenheiten und Möglichkeiten. Beispielsweise wurde jüngst eine Baustelle direkt neben St. Gereon gerichtlich stillgelegt. Die Stadt hatte eine Baugenehmigung für ein Gebäude erteilt, das höher war, als es das kurz zuvor vom Rat verabschiedete Höhenkonzept zum Schutz des Stadtbildes im Hinblick auf die romanischen Kirchen erlaubte.

Vielleicht haben ja schon die Römer den entscheidenden Fehler gemacht (was für ein Gedanke . . .). Köln war zu römischer Zeit zwar, wie der Name „Colonia“ schon sagt, nur eine Kolonialstadt in der Provinz, das standardisierte Quadratraster wies im Süden jedoch immerhin eine Besonderheit auf: Hier vollzog die Stadtmauer, dem natürlichen Verlauf eines Baches folgend, einen eleganten Schwung. Mit offenbar weitreichenden Folgen.

Ein Kölner Straßenbild: Oben sieht man kahle Brandwände und völlig unterschiedlich große Häuser in enger Folge, die Fassaden in wilder Stilmischung ornamentiert. Unten liegt Kopfsteinpflaster mit Schienen, weiter hinten erkennt man ein Pferdefuhrwerk. Im Vordergrund auf dem Trottoir wartet eine Gruppe schwarz gekleideter Menschen mit Hüten. Sie blicken seitlich zur Kamera. Davor steht isoliert ein Polizist mit Pickelhaube und schaut pflichtbewusst geradeaus. Im Hintergrund, schemenhaft und winzig, die beiden Kirchtürme von St. Pantaleon. Es ist ein offensichtlich langsam gewachsenes, eher fragiles Stadtbild, das sich dem Betrachter da bietet. Allerdings hat die geschwungene Straße eine interessante Raumwirkung. Sie weist genau den Schwung auf, den auch die römische Stadtmauer an dieser Stelle vollzog.

Ein weiteres Bild zeigt eine totale Trümmerlandschaft. Häuserruinen und Stahlträger ragen daraus empor. Lediglich der Schwung der noch vorhandenen Schienen und ein Kirchturm ganz weit im Hintergrund lassen erkennen, dass dieses Foto aus nahezu derselben Perspektive wie jenes aufgenommen wurde.

Ein drittes Bild wirkt regelrecht suburban. Die Straße ist eine riesige menschenleere Fläche ohne räumlichen Halt, mit betonumwehrtem Gebüsch dekoriert. Die gerasterten Gebäude stehen teilweise kreuz und quer in der Gegend herum. Vorn überqueren drei Personen eilig einen Zebrastreifen. Ganz groß im Vordergrund eine Ampel mit Abfalleimer. Oben an der Ampel ist ein Schild befestigt mit der Aufschrift: „Grüne Welle bei“, unter der Ampel ist klein zu lesen: „km/h“. Weit hinten wieder die Türme von St. Pantaleon. Nur am charakteristischen

Schwung des mit Grünzeug dekorierten Mittelstreifens, der jetzt die Straße unterteilt, erkennt man, dass das Bild vom selben Standort aus aufgenommen wurde wie die beiden vorherigen. Dies ist eine der vielen starken Bildfolgen, die man in diesem Buch findet. Und sie zeigt nur einen von zahlreichen in diesem Kompendium enthaltenen Aspekten des Kölner Wiederaufbaus: Die gewachsene Enge weicht einer kühlen scheinbaren Sachlichkeit und Weitläufigkeit. Der Schupo mit Pickelhaube wird durch die Ampel ersetzt.

Andere Bildfolgen zeigen, wie wenig sich Köln an manchen Stellen durch den Wiederaufbau verändert hat.

Auch eine Folge von Luftaufnahmen ist sehr beeindruckend: Das erste Foto bildet einen chaotischen Moloch aus kleinstteiligen Häusern und teilweise kaum erkennbaren engen Straßen und Gassen ab, blockweise komplett zugebaut, durchsetzt mit unterschiedlichsten Großbauten, ohne jede erkennbare Ordnung. Das zweite Bild: das Inferno an sich, ein bizarres Ruinenfeld, aus dessen Mitte schwarz und traurig der Dom ragt. Das dritte Bild zeigt eine helle, moderne Stadt aus Flachdachkästen mit Fensterbändern und durchgrünten Häuserzeilen.

Köln ist über viele Jahrhunderte immer weiter gewachsen, hat sich immer wieder verändert, wurde immer wieder überschrieben. Es hat sich ein sehr differenziertes Stadtgebilde entwickelt, das enorme Stärken hat, wie beispielsweise das Rheinpanorama oder die Ringe. Es ist aber auch sehr anfällig im Detail, da es die große Ordnung nie gegeben hat.

Trotz der Verwüstungen des Zweiten Weltkriegs hat dieses ohnehin schon fragile Gebilde erstaunlicherweise seine Identität nicht verloren. Ein behutsamer, im Gesamten und im Detail intelligenter Wiederaufbau durch viele hoch qualifizierte Beteiligte konnte vieles aus der jahrhundertealten Tradition in die neue Zeit hinüberretten. Ohne Nostalgie, aber mit einem in die Zukunft weisenden Optimismus.

Das Buch „KÖLN damals gestern heute“ ist ein wunderbares Dokument dieser Entwicklung; es hilft jedem, der sich auf die Spurensuche begibt, diese Stadt mit Hilfe bildhafter Eindrücke besser zu verstehen.

Köln, im September 2010 *Johannes Schilling*

Unveränderter Nachdruck der Erstausgabe von 1965 mit
einem Nachwort von Professor Johannes Schilling
Satz des Nachwortes: Thomas Neuhaus, Billerbeck
Gesetzt aus der Swift Light
Lithografie: farbo prepress GmbH, Köln
Druck und Bindung: optimal media GmbH, Röbel

ISBN 978-3-7743-0473-4
www.Greven-Verlag.de